Univ.-Prof. Dr. med. Otto Schlappack

G'sund mit Hund

Univ.-Prof. Dr. med. Otto Schlappack

G'sund mit Hund

Die gesundheitsfördernden Effekte der Beziehung zwischen Mensch und Tier

KNEIPP-VERLAG LEOBEN · WIEN · BAD WÖRISHOFEN · STUTTGART

ISBN 3-901794-07-7

Autor:
Univ.-Prof. Dr. med. Otto Schlappack, Keplergasse 9/I/13, A-1100 Wien.

Layout, technische Bearbeitung:
Verlag des Österreichischen Kneippbundes Ges m b. H., Kunigundenweg 10, A-8700 Leoben,
Tel. 0 38 42 / 24 0 94, Fax 0 38 42 / 21 7 18 - 32.

Druck: Obersteirische Druckerei, A-8700 Leoben.

1 Auflage   Leoben, Februar 1998

Inhalt

Einleitung

Vor zirka einem Jahr bekam ich meinen ersten Hund. Einen neun Wochen alten glatthaarigen Foxterrierwelpen. Er heißt »Umptimes victory vom Adlitzgraben«. Ich nenne ihn aber Herbert, nach dem Foxterrier aus der Post-Werbung, die vor einiger Zeit im Fernsehen lief.

Meine Frau und ich wohnen schon seit mehr als zehn Jahren in einer kleinen Wohnhausanlage am Rosenhügel in Wien. Als ich mit Herbert in unserer Straße ankam, wurde ich plötzlich von Leuten aus der Nachbarschaft angesprochen, die ich zwar vom Sehen kannte, mit denen ich aber bis zu diesem Zeitpunkt noch nie ein Wort gewechselt hatte.

»Bekommen wir Hunde-Nachwuchs? Wie schön!«

Wir wohnen im 3. Stock. Unser Haus hat keinen Lift. Bis Herbert stubenrein war, musste ich oft hinunter und mit ihm hinausgehen, vor allem früh am Morgen und spät in der Nacht, bei jedem Wetter.

Wenn man einmal im Freien ist, findet man es immer schön. Aber ohne Hund würde man sich nicht überwinden, so oft hinauszugehen.

Ich wollte schon seit langem einen Hund, denn ich gehe gerne spazieren und träumte davon, mit meinem Hund spazieren zu gehen. Doch meine Frau war immer dagegen. Wir sind beide berufstätig und der arme Hund müsste den ganzen Tag allein zu Hause sein, meinte sie. »In der Pension«, hieß es immer, »kannst du dir dann einen Hund anschaffen.«

Anfang 1996 begann ich als Arzt auf einer Hospizstation in Wien zu arbeiten. Dort gab es zwei Katzen. Ich dachte, da könnte ich ja auch einen Hund mitbringen.

Mittlerweile ist es so, dass mich Herbert den ganzen Tag begleitet. Die Patienten im Hospiz haben eine große Freude mit ihm.

Aber auch von Besuchern und Krankenschwestern wird er mit kleinen Leckerbissen und Ballspielen verwöhnt.

Die Patienten in meiner Praxis lieben Herbert. Wenn ich ihn nicht dabei habe, fragen alle: »Wo ist Herbert heute?«

Nur wenn ich im Krankenhaus zu tun habe, muss Herbert leider im Auto warten. Sugar, Liz Taylors liebe kleine Malteser-Hündin, durfte mit ihrem Frauchen ins Krankenhaus, um nach der Gehirnoperation eine wichtige Rolle im Genesungsprozess zu spielen.

»Ich habe sie hier auf meinem Bett. Sie ist ein unendlicher Trost. Sie schläft an mich geschmiegt und spaziert auf meiner Brust umher. Ihre Liebe hat mich geheilt.«

Solche und ähnliche Zeitungsberichte über die heilende Wirkung von Tierliebe haben mich veranlasst, in der medizinischen Fachliteratur zu recherchieren, was darüber bereits bekannt ist.

So entstand die Idee zu diesem Buch.

Hunde als Lebensretter

»Hund rettet Kind vor dem Ertrinken!« Solche Überschriften können wir immer wieder in der Zeitung lesen. Doch Hunde retten nicht nur Kindern das Leben, auch vielen Erwachsenen! Wenn in einem Haus oder in einer Wohnung zum Beispiel Feuer ausbricht, haben Hunde Menschen schon oft rechtzeitig aufmerksam gemacht.

Hunde beschützen auch ihr Herrchen oder ihr Frauchen und schlagen Einbrecher in die Flucht oder schrecken sie von vornherein ab. Hunde helfen also auch, indem sie vor einer Gefahr warnen. Sie spüren drohende Gefahren, wie zum Beispiel Lawinen oder Erdbeben, und nach einem größeren Lawinenabgang können wir sie im Fernsehen bei der Arbeit beobachten. Auch nach Erdbeben helfen Rettungshunde Verschüttete zu finden. Bei der Polizei leisten Hunde wertvolle Dienste, speziell in der Drogenfahndung. Und wie oft hat Kommissar Rex schon seinem Herrchen das Leben gerettet?

Der lebensrettende Einsatz eines Hundes muss nicht immer so dramatisch sein wie bei Verschütteten oder der Polizei. In diesem Buch werden sie noch viele andere Beispiele für den lebensrettenden Einsatz von Hunden finden. Hunde retten vielen Menschen das Leben einfach durch ihre Existenz. Ich denke da an jenen Patienten, der sterben wollte, als er erfuhr, dass er an Krebs erkrankt ist. Doch da er Angst hatte, dass seine Hündin eingeschläfert würde, war er bereit, sich mit Strahlen- und Chemotherapie behandeln zu lassen.

Patienten, deren Äußeres aufgrund einer Erkrankung oder eines Unfalls entstellt ist, können sich durch den Kontakt zu Tieren wieder wertvoll fühlen. Tiere stellen keine unangenehmen Fragen und ermutigen dazu, Gefühle zu zeigen, ohne dass man Angst haben muss, zurückgewiesen zu werden. Man kann sie einfach gern haben und umgekehrt lieben sie ihren Betreuer auch so, wie er ist.

Die Beziehung zwischen Mensch und Tier

Die Beziehung zwischen Mensch und Tier ist ähnlich einer zwischenmenschlichen Beziehung. Hunde und Katzen bleiben bei ihrem Besitzer auch ohne Käfig und Ketten. Es kann eine Bindung, ähnlich der zwischen Mutter und Kind, entstehen. Doch es gibt zwei Kategorien von Menschen. Die einen, die pauschal den Hund an sich lieben. Sie haben einen Hund. Das ist wunderbar. Aber ist es nicht der Hund, ist es ein anderer. Diese Menschen sind zwar sehr tierliebend, aber nach dem Motto, eine andere Mutter hat auch ein schönes Kind, haben sie innerhalb von 14 Tagen wieder einen, wenn ihr Hund gestorben ist.

Dagegen gibt es Menschen, die eine sehr innige Beziehung zu ihrem Tier haben. Sie können sich nicht vorstellen, ohne ihren Liebling zu leben und tun alles für ihr geliebtes Tier. Das kann so weit gehen, dass solche Menschen für ein Tier mehr tun als für sich selbst. Solche Menschen brauchen dann in der Regel etwas länger, bis sie nach dem Tod ihres Tieres wieder ein anderes nehmen wollen.

Andererseits gibt es auch Menschen, die ein Tier für eine Sache, etwas Minderwertiges halten. Aber solche Menschen halten sich kein Tier und sind leider oft auch sonst nicht in der Lage, entsprechende Bindungen einzugehen. Die Beziehung zu einem Tier ersetzt keine zwischenmenschliche Beziehungen. Vielmehr fördern Tiere den Kontakt zu anderen Menschen.

Nie wieder Herzinfarkt

»Die Ursache für den ersten Herzinfarkt mit 45 Jahren dürfte Überforderung gewesen sein«, meint Erwin. »Wir haben damals gerade unser Haus gebaut, an dem ich sehr viel selbst gemacht habe. Als mein Schwiegervater einen Schlaganfall erlitten hatte, musste ich auch im Betrieb alles allein machen. Diese beiden Belastungen, Hausbau und Betrieb, waren mir zu viel. Das hat mir so zu schaffen gemacht, dass dadurch der erste Infarkt, ein Vorderwandinfarkt, entstanden sein dürfte.«

»Als mein Gatte den Herzinfarkt hatte, war der Hund sein einziger Trost.

Er war das Einzige, wonach er sich trotz seiner depressiven Gefühle gesehnt hat. Deshalb habe ich den Hund ins Kranken-

haus mitgenommen, obwohl es nicht erlaubt war. Auf der Intensivstation wäre es natürlich nicht gegangen, da wäre ich sicher erwischt worden, aber hinten in den Park habe ich ihn immer hineingeschmuggelt. Der Hund hat meinem Mann seine Lebensfreude zurückgegeben. Nach jedem Besuch war er längere Zeit fröhlich und gelöst. Er war glücklich, dass er den Hund sehen durfte, ihn streicheln und sich mit ihm beschäftigen konnte«, erzählt Erwins Frau.

Dass es schon möglich ist, einen Hund in die Herzüberwachungsstation eines Krankenhauses mitzubringen, zeigt das Beispiel der Universität von Kalifornien in Los Angeles. Dort wurde ein solches Hundebesuchsprogramm eingeführt. Zwei Golden Retriever namens Kiley und Holly kommen auf die Station und legen sich zu den Patienten. Es wird natürlich zuerst ein sauberes Leintuch auf das Bett gegeben, auf das sich der Hund zum Streicheln legen kann. Die Patienten, ihre Angehörigen und das Personal lieben diese Ablenkung von der hochtechnisierten Umgebung der Überwachungsstation und würden sich wünschen, dass die Hunde öfter kommen.

Wein und Hund hält Herz gesund.

Mit 55 Jahren, das ist jetzt 12 Jahre her, hatte Erwin einen zweiten Infarkt, einen Hinterwandinfarkt. Danach wurde er in Wien am Herzen operiert und bekam einen fünffachen Bypass.

»Als ich nach der Operation in unser Haus in der Wachau kam, wäre ich allein gewesen, wenn da nicht mein Hund, ein Wachauer Dackel, gewesen wäre. Meine Frau hat tagsüber gearbeitet, sodass ich den ganzen Tag mit meinem Hund verbrachte und jeden Tag 10 Kilometer gegangen bin, vormittags fünf und nachmittags fünf. Mit ihm bin ich mehr gegangen als im Rehabilitationszentrum. Da sind wir nur einmal pro Tag zwei Kilometer gegangen.

Mein Hund war ein Mischling mit etwas längeren Beinen als ein reinrassiger Dackel, sodass er auch schneller laufen konnte. Es war für mich wichtig, dass mein Hund mich gefordert hat und spazieren gehen wollte – bei jedem Wetter, auch bei Regen. Wenn man einen Hund hat, muss man auch dann spazieren gehen, wenn man keine Lust hat. Beim Abschlussgespräch im Rehabilitationszentrum, wo es darum ging, was ich darf, was ich kann und was ich mir zumuten darf, hat der Arzt zu mir gesagt: 'Das Beste wäre für Sie ein Hund. Das ist der richtige Therapeut.' Aber der Hund durfte nicht ins Rehabilitationszentrum, nicht einmal in den riesigen Park. Wenn meine Frau mich dort besucht hat, musste der Hund im Auto warten.

Nach der Operation hatte mein Herz nur 50 % Pumpleistung. Jetzt habe ich durch das Gehen 70 %. Ich gehe jeden Tag drei Stunden im Dunkelsteiner Wald mit meiner Frau und Bianca, einer Rauhhaardackelhündin, die ich jetzt habe, spazieren und anschließend zum Heurigen. Da essen wir etwas und trinken ein paar Achtel grünen Veltliner. Meistens treffen wir auch ein paar nette Leute, die wir kennen und mit denen wir uns unterhalten können.«

Cholesterin
und Bluthochdruck

Dass ein Hund die Chance, einen Herzinfarkt zu überleben, signifikant erhöht, ist auch in wissenschaftlichen Studien nachgewiesen worden. Nachdem das beobachtet wurde, sagte man sich, wenn ein Hund schon die Überlebenschance nach einem Herzinfarkt erhöht, so müsste ein Hund sein Herrchen auch vor der Entstehung eines Herzinfarktes schützen.

Dieser Frage ist eine australische Forschergruppe nachgegangen, indem sie zwei Risikofaktoren für den Herzinfarkt, Bluthochdruck und erhöhten Cholesterinspiegel im Blut, bei über 5.000 Personen untersuchten. Dabei fanden sie heraus, dass bei Männern, die ein Haustier hatten, Blutdruck, Cholesterin und Blutfette signifikant niedriger waren, als bei Männern, die kein Haustier besaßen.

Daraus schlossen sie, dass der Besitz eines Haustieres nicht nur die Überlebenschance nach einem Herzinfarkt erhöht, sondern auch das Risiko eines Herzinfarktes deutlich reduziert wird.

Dieser positive Einfluss eines Hundes auf das Herz seines Besitzers wurde auch schon in früheren Studien entdeckt, die zeigten, dass die Gegenwart eines Hundes Stress reduziert und den Blutdruck senkt. Dieser stressreduzierende Effekt wurde darauf zurückgeführt, dass ein Hund positive Gefühle hervorruft und sich immer freut, wenn er seinen Besitzer sieht. Im Gegensatz zu einem menschlichen Freund hat ein Hund an seinem Herrchen nie etwas auszusetzen. Er liebt ihn bedingungslos.

Menschen fühlen sich in Gegenwart von Tieren einfach weniger bedroht und sind auch weniger aggressiv.

Hunde im Gefängnis

Insassen unserer Gefängnisse hatten meistens kein richtiges zu Hause während ihrer Kindheit und Jugend. Die meisten von ihnen hatten niemanden, der sie liebevoll behandelte und viele sind überhaupt ohne Eltern in einem Heim aufgewachsen oder waren selbst Opfer von Gewalt und Missbrauch. Auch im Gefängnis haben sie niemanden, zu dem sie eine liebevolle Beziehung aufbauen können.

Damit die Wiedereingliederung der Gefangenen in ein bürgerliches Leben erfolgreich ist, findet der Leiter der schweizerischen Strafanstalt Saxerriet, müssen die Insassen Geborgenheit und Vertrauen erfahren.

Um das zu erreichen, werden auch Tiere eingesetzt. Sie können bedingungslos Liebe und Zuwendung geben. Es gibt dort eine Landwirtschaft mit Kühen, Pferden und Schweinen, die von den Insassen betrieben wird, und Kleintiere, wie Hasen und Katzen, die sie abends in ihre Zelle mitnehmen dürfen.

Die therapeutischen Effekte des Einsatzes von Tieren im Strafvollzug wurden in den USA auch wissenschaftlich untersucht. Dabei zeigte sich, dass Insassen, die Tiere, wie Katzen, Vögel, Ziegen oder andere kleine Tiere, zur Betreuung bekommen hatten, weniger gewalttätig waren, weniger Medikamente brauchten und ein besseres Sozialverhalten an den Tag legten, als Insassen ohne Haustiere.

In einem amerikanischen Frauengefängnis wurde ein Projekt gestartet, in dessen Rahmen Tiere von Tierheimen ins Gefängnis gebracht wurden, und Insassen diese Tiere erziehen sollten, damit sie leichter wieder einen Platz außerhalb des Tierheimes finden.

Einige der Gefangenen waren so geschickt, dass sie Hunde so abrichten konnten, dass diese Tiere Behinderten in der Folge eine große Hilfe waren. Den Gefangenen wurde auch Gelegenheit gegeben, die behinderten Menschen, für die sie Hunde trainierten, kennen zu lernen. Außerdem war es den Gefangenen erlaubt, die Tiere abends mit in ihre Zelle zu nehmen. Dieses Programm hatte sehr positive Auswirkungen auf die Gefangenen, denn sie hatten plötzlich jemanden, für den sie sorgen mussten, und dem sie sich liebevoll zuwenden konnten.

Wenn Gefangene für ein Tier sorgen dürfen, so hat das einen therapeutischen Effekt, wie in England an Hand einer Voliere im Gefängnis gezeigt werden konnte. Die Zusammenarbeit zwischen Insassen und Wärtern verbesserte die Insassen-Wärter-Beziehung und Gefangene, die bei der Versorgung der Vögel mitmachten, zeigten auch untereinander humanere Umgangsformen.

Hund als Anfallswärter

Angie litt seit ihrer Geburt an Krampfanfällen. Manche dieser Anfälle waren sogar lebensgefährlich. Deshalb musste Tag und Nacht jemand bei ihr sein. Das war eine große Belastung für ihre Eltern und Geschwister, weil es oft nicht möglich war, ihr schnell genug zu Hilfe zu kommen.

Ohne Vorwarnung konnte sie plötzlich ganz steif werden, bevor sie am ganzen Körper zu krampfen begann. Wenn niemand zur Stelle war, konnte sie ungebremst umfallen und sich dabei verletzen. Während eines solchen Anfalles setzte auch immer kurze Zeit die Atmung aus, sodass Angie kurz das Bewusstsein verlor.

Mit 14 Jahren wurde Angie mit Sue bekannt gemacht, die im Gefängnis eine Hündin namens Sheba für sie trainierte. Nachdem diese Hündin zu Angie nach Hause gebracht wurde, begann sie den Beginn eines Anfalles anzuzeigen, bevor Angie selbst spürte, dass ein Anfall bevorstand.

So konnten Vorkehrungen getroffen werden, damit Angie den Anfall unverletzt überstand. Sie konnte sich nach der Vorwarnung durch Sheba zum Beispiel flach auf den Boden legen und in dieser Position den Anfall ohne Schaden überstehen.

Sheba war Angie nicht nur eine große Hilfe bei der Ankündigung eines Anfalls, auch die Häufigkeit und die Schwere der Anfälle nahm durch Shebas Gegenwart ab. Sie kam dadurch auch in der Schule besser voran und konnte das Gymnasium abschließen. Auch körperlich entwickelte sie sich so gut, dass sie an den »Special Olympics« teilnehmen konnte und dritte in der Gymnastik wurde.

Obwohl Angie heute Sheba kaum noch braucht, um sie vor einem Anfall zu warnen, möchte sie sie nicht missen. Durch die geistige und körperliche Entwicklung, die Angie dank dieser Hündin machen konnte, sind die zwei unzertrennlich geworden.

Inzwischen ist es auch gelungen, weitere Hunde mit dieser Fähigkeit, vor einem drohenden epileptischen Anfall zu warnen, bevor der Betroffene ihn selbst spürt, auszuwählen.

Frau L. leidet an Epilepsie. Einmal wurde sie von einem Auto überfahren, weil sie gerade beim Überqueren der Straße einen Anfall hatte. Ein anderes Mal fiel sie während eines Anfalles durch eine Glastür und verletzte sich eine Schlagader. Frau L. erhielt daraufhin einen Hund, der darauf trainiert ist, einen drohenden Anfall frühzeitig zu erkennen und sie aufmerksam zu machen, damit sie für die Dauer des Anfalles eine sichere Position einnehmen kann. Der Hund bleibt bei Frau L. während des Anfalls und beschützt sie während ihrer Bewusstlosigkeit, sodass Frau L. sich jetzt mit Hilfe dieses Hundes frei bewegen kann – ohne Angst vor Unfällen und Verletzungen.

Dieses letzte Beispiel vom Nutzen eines Hundes für Epileptiker habe ich einem Beitrag von Susan L. Duncan in dem Buch »The Waltham Book of Human-Animal Interaction: Benefits and responsibilities of pet ownership« entnommen. Das erste Beispiel stammt aus einem Artikel von Dr. Bustad im Journal of the American Veterinary Medical Association, vol 208: 203-205, 1996.

Partner-Hunde

Jeder kennt Blindenhunde, die ihr Herrchen oder Frauchen sicher durch die Stadt führen. Inzwischen werden Hunde nicht nur für Blinde abgerichtet, denn Frau Elisabeth Färbinger hat in Grödig, Salzburg, ein Zentrum aufgebaut, wo speziell für Menschen im Rollstuhl sogenannte Partner-Hunde ausgebildet werden.

Für die Ausbildung zum Rollstuhlhund verwendet Frau Färbinger ausschließlich Retriever und zwar den Golden Retriever (langhaarig, golden), den Labrador Retriever (kurzhaarig, schwarz oder gelb, sehr selten braun) und den Flat coated Retriever (langhaarig, schwarz oder braun).

Die Retriever stammen aus England und erhielten ihren Namen, weil sie bei der Jagd die Aufgabe haben, dem Jäger die erlegte Beute, zum Beispiel eine Ente, zu bringen. Dabei nimmt ein Retriever die Beute sehr vorsichtig ins Maul.

Diese Eigenschaft wird ausgenützt, um die Hunde zu lehren, ihrem zukünftigen Besitzer im Rollstuhl Gegenstände zu bringen. Dabei kann es sich um Gegenstände handeln, die hintergefallen sind und die der Rollstuhlfahrer nicht selbst aufheben kann, oder aber auch zum Beispiel um das Telefon, den Schlüsselbund oder die Fernbedienung des Fernsehapparates.

Menschen, die aufgrund einer Erkrankung, wie zum Beispiel multipler Sklerose, im Rollstuhl sitzen und ihre Gliedmaßen nicht mehr selbst bewegen können, kann es passieren, dass ihnen zum Beispiel ein Arm hinunter- oder der Kopf zurückfällt. Ein trainierter Partner-Hund kann Arm und Kopf wieder in die richtige Position bringen.

Ein Behinderter im Rollstuhl kann sich bereits nach kurzer Zeit nicht mehr vorstellen, das Leben ohne Partner-Hund zu bewältigen. Man hat keine Ahnung, wie umständlich es für einen Behinderten ist, wieder aus dem Bett herauszukommen, wenn er zum Beispiel vergessen hat, das Licht abzudrehen. Der Hund kann auf das Kommando »Licht ab« mit der Schnauze auf den Schalter drücken.

Sein ausgeglichener, ruhiger Charakter macht besonders den Retriever zum geeigneten Partner-Hund. Seine Freundlichkeit zu allen Menschen ermöglicht es, dass er auch behinderte Kinder in die Schule begleiten kann.

Bevor ein Retriever einem Behinderten übergeben werden kann, verbringt er zuerst ein Jahr in einer Gastfamilie. Diese Patenfamilien sind für die Entwicklung des Welpen zum Junghund verantwortlich. Anschließend kommt er für zirka ein halbes Jahr ins Trainingszentrum zur Ausbildung. Danach kommt er, nach einer kurzen Einschulung, zu seinem endgültigen Besitzer.

Behinderten Kindern bringt er schon in der Früh die Kleidung und ist ihnen beim Anziehen behilflich. Diese Kinder dürfen ihren Partner-Hund auch in die Schule mitnehmen, wenn alle Eltern einer Klasse einverstanden sind.

Ein Retriever bellt – wenn man ihm das beigebracht hat – nur auf Befehl.

Viele Menschen im Rollstuhl haben schon die Erfahrung gemacht, dass sie eigentlich kaum beachtet werden, wenn sie nur mit dem Rollstuhl unterwegs sind. Haben sie aber einen so schönen Hund dabei, dann kommen viele, vor allem Kinder, näher und bewundern den Hund. Wenn der Partner-Hund jetzt auch noch ein Kunststück kann, dann ist das eine enorme Aufwertung und eine besondere Freude.

Ein Hund kann auch deshalb so viel für einen behinderten Menschen tun, weil er, im Gegensatz zu uns, keine Scheu hat, auf

einen behinderten Menschen zuzugehen. Beim Behinderten, der im Rollstuhl sitzt, kann man bei einer Umarmung nur die Schultern nehmen, die untere Körperhälfte bleibt leider ausgespart. Die Partner-Hunde lernen nun, so hinaufzuspringen und die Pfoten auf die Schultern zu legen, dass sich die Person im Rollstuhl so umarmt fühlt, wie sie es sonst nicht erleben kann.

In den Werkstätten der Lebenshilfe, wo es schwer geistig und körperlich behinderte Menschen gibt, konnte ich beobachten, dass sie zu Tränen gerührt sind, wenn ihnen ein Hund auf den Schoß springt. Sie sind überwältigt davon, dass sie so beachtet werden und so viel Zuwendung erfahren. Auch dem Hund macht das Spaß. Er ist zu jedem gleich freundlich.

Mit dem Partner-Hund sprechen

Thomas Fischer hat seit etwas länger als einem Jahr Flash, einen Golden Retriever, als Partner. Herr Fischer war im Außendienst in Westösterreich tätig und musste zu einer Besprechung nach Wien fahren.

Auf der Rückfahrt passierte ein Unfall. Seitdem hat er Sprachstörungen und eine rechtsseitige Lähmung. Er lag drei Monate im Koma. Die Ärzte gaben ihm keine Chance.

Der Unfall passierte vor fünf Jahren. Bis vor vier Jahren hatte Herr Fischer keinen Hund, denn nach dem Unfall wohnte er bei seinen Eltern in Wien, die keinen Hund wollten. Von Partner-Hunden hatte er durch seine Lebensgefährtin erfahren, die darüber zufällig in einer Zeitung gelesen hatte. Anfänglich war er sehr dagegen, weil er dieses Projekt nicht kannte und dachte, dass er im Rollstuhl mit einem Hund nichts anfangen könnte, und dass er ihm nicht nachfahren könnte, wenn er wegläuft.

Er ließ sich aber überreden, dieses Projekt in Salzburg anzusehen. Nachdem er die Hunde bei Frau Färbinger gesehen hatte, war er so begeistert, dass er sich gleich für einen Partner-Hund anmeldete. Heute möchte er seinen Hund überhaupt nicht mehr missen. Auch die Menschen sind viel freundlicher und hilfsbereiter, wenn er mit seinem Partner-Hund unterwegs ist.

Bevor sie den Hund bekamen, hatten Thomas und seine Lebensgefährtin eine Einschulung. In dieser Zeit wurden sie so gut vorbereitet, dass sie nach vierzehn Tagen, als sie den Hund nach Wien mitnehmen konnten, das Gefühl hatten, schon immer einen Hund gehabt zu haben.

Thomas ist nach dem Unfall, wenn er mit Freunden zusammen war, nur in der Runde gesessen und hat nicht gesprochen. Wegen seiner Sprachstörung hat er lieber nur zugehört. Doch mit dem Hund hat er gesprochen und ihm erzählt, was er gerade macht.

Unweit seiner Wohnung, in der er jetzt mit seiner Lebensgefährtin wohnt, fließt der Marchfeldkanal. Dorthin zieht es ihn
auf seinen Spaziergängen mit Flash, wo er vielen Leuten begeg-
net, die seinen Hund bewundern und wissen wollen, was das für
ein besonderer Hund ist. Früher hätte man sich nie vorstellen
können, dass Thomas mit wildfremden Leuten spricht. Aber
durch den Hund muss er einfach antworten, wenn er angesprochen wird.

Er fühlte sich nutzlos. Vor dem Unfall war er als Reisender
tätig. Danach konnte er nicht mehr Auto fahren und hatte das
Gefühl, nicht mehr gebraucht zu werden.

Durch den Hund hat sich sein Sprechvermögen so gebessert,
dass er sogar Vorträge halten kann. Mit diesen Vorträgen, die er
als Betroffener über Partner-Hunde hält, hat er auch eine neue
Aufgabe gefunden, in der er Bestätigung findet.

Beim Fernsehen liegt Thomas mit Flash am Boden und strei-
chelt ihn. Wenn sein Hund nicht mehr fernsehen will, fordert er
Thomas zum Ballspielen auf.

Mit dem Hund ist er auch versorgt, wenn seine Lebensgefähr-
tin für ein paar Tage verreist. Thomas hat eine Aufgabe und
Verantwortung für den Hund.
Er muss mit ihm spazieren gehen. Wenn er keinen Hund hätte,
würde er vielleicht die ganze Zeit in der Wohnung vor dem
Fernseher verbringen.

Thomas findet, dass er seinen Partner-Hund gar nicht so sehr
dazu braucht, wozu er in erster Linie ausgebildet ist, nämlich
Dinge, die ihm hinunterfallen, wieder aufzuheben, sondern für
ihn ist der Hund hauptsächlich eine psychische Unterstützung,
durch die er wieder so sprechen gelernt hat, dass man ihn auch
am Telefon versteht.

Hunde in der Schule

Frau Romana Riedel, Lehrerin an der Volksschule Adnet in Salzburg, berichtet: »Ursprünglich waren wir nur eine schlichte Patenfamilie, weil ich einfach einen Hund für mein Kind und meine Familie wollte. Erst nach und nach hat sich für mich auch der Aspekt ergeben, dass ich als Lehrerin auch die Möglichkeit hatte, die Liebe zu Hunden den Kindern zugänglich zu machen.

Den ersten Hund, einen gelben Labrador Retriever, habe ich Ende September, also am Beginn des ersten Schuljahres meiner Klasse, bekommen. Zunächst habe ich ihn aber nur sporadisch in die Schule mitgenommen, damit die Kinder sehen, wie das ist. Beim Wandertag und bei jeder anderen passenden Gelegenheit war der Hund dabei. Sonst war er zu Hause.

Die Kinder wollten immer wissen, was er schon wieder gelernt hat. Daraufhin habe ich ihn wieder mitgenommen und ihnen gezeigt, was er wieder Neues kann.

Das Ganze bekam eine Eigendynamik, die Kinder fixierten sich plötzlich auf den Hund. Andererseits suchte der Hund einzelne Schüler, zu denen er besonders gerne ging. Das war oftmals ein Kind, das entweder hyperaktiv, das heißt schlimm und laut oder sonst auffällig war. Der Hund hat das gefühlt. Alle waren erstaunt, wieso er sich ausgerechnet zu diesem Schüler legt. Das hat das Kind in der Gruppe natürlich aufgewertet.

Der Schüler reagierte dann auch auf den Hund. Er merkte, dass er jetzt ein bisschen vorsichtiger sein und auf den Hund aufpassen muss. Das weckte ein besonderes Verantwortungsgefühl. Der Bub merkte gar nicht, dass er ruhiger wurde. In unbeobachteten Momenten kuschelte er sich oft zum Hund. Das gab ihm ein Gefühl der Geborgenheit.

Dann dachte ich, dass der Hund jetzt auf seine zukünftige Arbeit als Partner-Hund vorbereitet werden könnte, und suchte ein Kind aus, bei dem er lernen sollte, was er dann später machen muss. Ich entschied mich für ein Mädchen, bei dem sich der Hund schon bisher bevorzugt aufhielt. Während des ganzen Unterrichts blieb der Hund bei diesem Mädchen, so wie er es später auch machen muss. Wenn die Schülerin mit dem Schreiben fertig war, gab sie ihm das Heft und schickte ihn zu mir. Ich nahm ihm das Heft ab, und er kehrte wieder an seinen Platz zurück.

Die Eifersucht der anderen Kinder wurde aber so groß, dass es Tränen gab und wir das Training abbrachen. In der Folge war es der Hund der ganzen Klasse und jeder durfte ihm etwas geben, um es mir zu bringen, bis es nicht mehr interessant war.

Es wurden auch viele Ängste abgebaut. Ein Mädchen hatte panische Angst, als der Welpe noch klein war. Vor dem kleinen Welpen fürchtete sie sich so sehr, dass sie auf den Sessel und den Tisch kletterte.

Der Hund kroch dann jeden Tag am Boden zu dem Mädchen hin und legte sich ein bis zwei Stunden hin, bis es langsam vom Tisch herunterkam. Irgendwann war die Angst weg.

Am Anfang war der Gedanke: Hund und Unterricht – das kann nicht gut gehen. Ich war auch neugierig, ob es funktionieren würde. Man ist der Meinung, dass im Unterricht alles, was stört, ausgeräumt werden muss. Dann wird die Aufmerksamkeit gebündelt und so können wir arbeiten. Dass die Arbeitsbedingungen auch geändert werden können, scheint unmöglich.

Als der Hund noch kleiner war, lief er oft in der Klasse umher und spielte mit seinen Stofftieren. Aber selbst das war nach einer Weile nicht mehr so interessant. Die Kinder waren manchmal für einen kurzen Moment abgelenkt, aber es ist ja auch ganz lustig, während des Schreibens kurz etwas anderes zu sehen.

Einmal hatten wir einen sehr heißen Tag. Die Sonne schien direkt in unser Klassenzimmer herein, sodass auch die geöffneten Fenster keine Abkühlung brachten. Die Kinder klagten über die große Hitze. Dann sahen sie den Hund, der völlig erschöpft am Boden lag. Sie sahen, dass der Hund mit seinem dicken Fell noch ärmer ist. Das war ihnen ein Trost.

Die Kinder anderer Klassen würden auch gerne ein bisschen teilhaben. Jetzt kommen sie nur in der Pause ein bisschen in den Genuss, wenn der Hund vielleicht vorbeigeht.

Für die Schüler ist auch sehr wichtig, dass der Hund keinen Unterschied macht, ob jemand im Rechnen gut ist oder nicht oder ob man ein toller, tapferer Turner ist. Er kommt zu jedem Schüler. Nur manchmal haben sie Vorlieben und es gibt Kinder, zu denen sie lieber gehen.

Da gab es zum Beispiel ein Mädchen, das schon von allem Anfang an heiß geliebt wurde. Wir konnten nie feststellen warum. Es hat vielleicht eine besondere Aura.

Ursprünglich waren nicht alle Eltern begeistert. Es gab Bedenken in Bezug auf Hygiene und Befürchtungen, dass der Hund ein Kind beißen könnte, Krankheiten übertragen oder ein Kind auf Hundehaare allergisch reagieren könnte. Die Kinder brachen zu Hause in Tränen aus und baten ihre Eltern, nichts gegen den Hund einzuwenden, weil sie sonst nicht mehr in die Schule gehen wollten.

Einen Patenhund behält man ein Jahr und gibt ihn dann zurück ans Ausbildungszentrum, es sei denn, es tritt etwas auf, was ihn für die Ausbildung zum Partner-Hund ungeeignet macht, zum Beispiel eine Hüftgelenksdysplasie, wie bei meinem Hund. Der Hund wird geröntgt und dann entscheidet Frau Färbinger, ob der Hund für die Ausbildung geeignet ist oder nicht. Es ist nicht so, dass mein Hund krank ist, aber ein Behinderter möchte einen Hund jahrelang als verlässlichen Partner haben. Bei einem Hund mit Hüftgelenksdysplasie kann nach fünf Jahren eine Operation notwendig werden. Deshalb durfte ich meinen Patenhund behalten, was eine Riesen-Freude für uns alle war.

Jetzt ist er ein Therapiehund für unsere Klasse, weil es nicht mehr möglich war, ihn nicht mehr mitzunehmen. In den Ferien freuten sich alle Kinder nicht auf die Schule, sondern auf den Hund. Die Eltern waren froh darüber, dass die Kinder des Hundes wegen gerne in die Schule gingen. Dann nahm ich einen weiblichen schwarzen Retriever als Patenhund von Frau Färbinger dazu, weil ich gerne mithelfe, Partner-Hunde auszubilden. Bei der Untersuchung stellte sich heraus, dass sie besonders schöne Hüften hat. Da Frau Färbinger eine Zuchthündin brauchte, bleib sie als solche auch bei mir.

Ich könnte mich von den Hunden heute nicht mehr trennen. Deshalb bringe ich es nicht über mich, die Hunde nicht mehr zu den Kindern in die Schule zu bringen. Es ist mittlerweile eine so tiefe Beziehung entstanden, dass die Trennung für manche Kinder sehr schwer wäre. Jetzt sind alle, auch ich, sehr glücklich, dass die Hunde bei uns bleiben dürfen.

Wir haben uns angewöhnt, die Hunde während des Unterrichts nicht zu beachten, was immer sie auch machen. Sie gehen auch kaum mehr durch die Klasse. Wenn die Kinder sich setzen, dann legen sich die Hunde hin und dösen die ganze Stunde. Die Kinder werfen nur noch kurze Blicke auf den Hund. Manchmal streicheln sie den Hund, aber es lenkt nicht ab.

In den Pausen gibt es immer jemanden, der einen Hund braucht. Ich bin froh, dass ich zwei habe, denn als ich nur einen hatte, da wollten alle 25 Kinder etwas von ihm. Manches Mal war das für den Hund etwas zu viel. Es gibt immer ein Kind, dass das unbedingt braucht. Sie stehen auf, gehen spontan hin und kuscheln sich zum Hund. Die Hunde sind das mittlerweile auch gewöhnt. Wenn die Pausenglocke ertönt, dann heben sie schon den Kopf und schauen, was los ist.

Das Klima ist ruhiger

Es fällt auf, dass die Hunde Ruhe auf die Kinder übertragen. Wenn die Hunde da sind, ist es in der Klasse ruhiger. Viele Aktivitäten sind aufgrund der Anwesenheit der Hunde nicht möglich. Man kann nicht wild umherspringen, laufen oder mit Gegenständen schießen, weil es immer ein paar Kinder gibt, die auf die Hunde aufpassen. Die Kinder regulieren sich selbst, indem sich viele lieber mit dem Hund beschäftigen. Die Beschäftigung mit einem lebendigen Wesen ist attraktiver, als Unsinn zu machen.

Ich habe den Kindern nicht sehr viel verboten. Sollten Dinge vorkommen, die für den Hund nicht gut sind, dann sage ich etwas. Aber das gab es kaum. Nur ein Mädchen, ein sehr aggressives Kind, hatte schon am Anfang die Tendenz, die Tiere zu quälen. Sie schlug dem Hund oft auf den Kopf und behauptete dann, dass er das mag.
Die anderen Kinder verwehrten dem aggressiven Mädchen den Kontakt mit dem Hund. Da es den Kontakt aber wollte, regelte sich das von selbst.

Eine homogenere Gruppe

Die Klasse wurde eine homogenere Gruppe. Lernschwache Kinder wurden besser akzeptiert, bekamen mehr Selbstwertgefühl und trauten sich deshalb auch das eine oder andere eher zu, sodass daraus ein Lernerfolg resultierte.
Es ist das eine sehr gute, sehr lernwillige und brave Klasse. Wir waren mit allen Büchern schon sehr früh fertig. Sie waren so einmalig, und sie schrieben so gute Aufsätze. Aber es ist gewagt zu sagen, dass das mit den Hunden zusammenhängt. Das kann auch ein Zufall sein. Auf alle Fälle war dadurch sicher ein für die Kinder sehr wohltuendes, emotionales Umfeld entstanden.

Viele Kinder, die zu Hause nie einen Hund bekommen würden, hatten so die Chance, einen 'Teilzeithund' zu haben, ohne Verpflichtung, ohne Ärger, nur mit positiven Effekten.

Vielleicht resultiert daraus später einmal eine bessere Beziehung zu Tieren.

Es gab natürlich auch enorme Widerstände gegen das Projekt, zum Beispiel von Seiten der Gemeinde. Der Bürgermeister war von der Idee überhaupt nicht begeistert. Die zuständige Dienstbehörde bewilligte aber das Mitbringen der Hunde. Es gab deshalb eine große Empörung im Dorf. Viele Menschen dachten, dass ich nicht wüsste, wer während des Unterrichts die Hunde betreuen sollte und ich sie deshalb in die Schule mitnehmen würde. Bis sich dann herumsprach, dass es um etwas anderes geht. Es gibt noch immer viele, die meinen: Ein Hund im Unterricht – was soll das einem Kind bringen?

Ich durfte in meiner Kindheit nie einen Hund haben, weil meine Eltern dagegen waren. Auch mein Sohn wünschte sich so sehr einen Hund. Täglich ging er mit kleinen Leckerbissen zu einem Hund in der Nachbarschaft. Dann sprachen wir mit Frau Färbinger über einen Patenhund. Ich hatte ein paar schlaflose Nächte, weil ich eigentlich keinen Hund wollte.

In mancher Hinsicht war meine Meinung falsch. Man kann mit Worten nicht beschreiben, wie wunderschön es ist, einen Hund zu haben.

Man weiß gar nicht, was man alles versäumt, weil man glaubt, dies und jenes nicht zu wollen. Ich lernte jetzt, dass man nichts sofort ablehnen sollte.

Kinder brauchen immer Zuwendung. Erwachsene geben bestimmt immer zu wenig, weil sie sich nicht mehr in die Kinderwelt einfühlen können. Wir denken nicht mehr so wie Kinder und unsere Denkweise, unser Tagesablauf und unsere Systemerhaltung lassen es einfach nicht zu, Kindern wirklich in ausreichendem Maße das zu geben, was sie brauchen. So lange sie klein sind, bekommen sie viel Zuwendung, aber wenn sie größer werden, dann kommen sie sicher immer ein bisschen zu kurz.

Einen Hund zu haben, ist auch deshalb so gut, weil er immer verfügbar ist. Das sind wir Erwachsene nicht. Kinder brauchen sofort Zuneigung und Hilfe, sonst verdrängen sie das Problem und holen es nicht mehr hervor.

Von Vorteil für die Kinder ist auch, dass sie zu einem Hund sagen können: ›Ich will jetzt nicht, leg dich hin und sei still.‹ Eltern strukturieren, um das ganze Geschehen im Griff zu haben. Die Zeit wird genau eingeteilt. Aber dadurch wird man den Bedürfnissen der Kinder nicht gerecht. Ein Hund organisiert nicht. Er ist einfach da, wie gewünscht.«

Während Frau Riedel noch zögert, die guten Leistungen ihrer Schüler mit ihren Hunden in Zusammenhang zu bringen, gibt es eine Studie aus Philadelphia in den USA, in der die Beschäftigung mit Tieren bei 50 9- bis 15-Jährigen untersucht wurde.

Es handelte sich um schlechte Schüler mit Verhaltensstörungen. Sie wurden in zwei Gruppen geteilt, wobei sich eine Gruppe fünf Stunden pro Woche mit verschiedenen Tieren befasste. Die andere Gruppe verbrachte dieselbe Zeit ohne Tierkontakt mit anderen Aktivitäten, wie zum Beispiel Klettern.

Das Ergebnis war, dass die Schüler jener Gruppe, die mit Tieren arbeiteten, am Ende des Experiments nicht nur weniger hyperaktiv waren, sondern dass sich auch ihre Lernfähigkeit gebessert hatte.

Freunde fürs Leben

Wenn man Kinder im Umgang mit Tieren beobachtet, stellt man fest, dass sie fast ausnahmslos auf jedes Tier zugehen, es streicheln und mit ihm reden. Durch dieses Reden mit einem Haustier lernen Kinder leichter und besser sprechen.

Wenn Karls Kinder außer Haus gehen, auf den Spielplatz oder Rad fahren, ist Tasso, ein Schäfer-Collie-Mischling, immer dabei.

Karl selbst war mit einem Cockerspaniel aufgewachsen, der jeden Tag mit ihm in die Schule ging und ihn jeden Tag von der Schule wieder abholte, als würde er den Stundenplan kennen.

Wenn Karl aus dem Schultor kam, wartete der Hund schon auf ihn. Während alle anderen Kinder alleine nach Hause gingen, wurde Karl von seinem Hund begleitet. Auch Karls Frau wuchs mit Hunden auf.

Bei seinen Kindern ist es nun gleich. Tasso holt sie zwar nicht von der Schule ab, aber er wartet zu Hause auf jedes der drei Kinder, wobei er die innigste Beziehung zu Anna, der jüngsten Tochter, hat, denn sie hat auch den besten Umgang mit ihm. Sie kommt und nimmt Tasso um den Hals und liebkost ihn. Sie kann mit ihm machen, was sie will.

Karls 11-jähriger Sohn ist ein Jahr jünger als der Hund. Als seine Frau mit dem Neugeborenen aus dem Krankenhaus nach Hause kam, stellte sie die Tragtasche mit dem Baby auf den Boden, damit Tasso die Witterung aufnehmen konnte. Danach gehörte das Baby auch für Tasso zur Familie. In der Folge gab es keine Eifersucht und Tasso bewachte den Kinderwagen immer gut. Das war sein Heiligtum.

Haustiere fördern das Familienleben. Wenn ein Tier da ist, dann verbringt die Familie mehr Zeit miteinander. Tiere sind Familienmitglieder. Kinder, die in Familien mit Tieren aufwachsen, haben die Gelegenheit, viel übers Leben zu lernen, zum Beispiel wenn ein Tier geboren wird oder verstirbt. Weiters lernen sie schon früh die Bedürfnisse von Tieren kennen. Sie zeigen später einmal mehr Hilfsbereitschaft, mehr Rücksichtnahme und mehr Mitgefühl für andere Menschen.

Wenn es Tiere im Haushalt gibt, die versorgt werden müssen, können heranwachsende Kinder schrittweise in diese Arbeit integriert werden. Durch das Übernehmen von Verantwortung bei der Versorgung eines Tieres wird das Selbstwertgefühl von Kindern gestärkt. Außerdem sind Kinder, die ein liebes Tier haben, begehrte Spielkameraden.

Haustiere fördern die emotionale, geistige und soziale Entwicklung von Kindern. Kinder, deren Eltern mit Tieren aufgewachsen sind, haben eine große Chance, dass ihre Eltern es ihnen auch ermöglichen, mit Tieren aufzuwachsen.

Auch wenn Kinder krank werden, sind Tiere eine große Hilfe. Der 8 Jahre alte Jack war schon 3 Monate im Spital. In dieser Zeit wurde er mehrmals wegen eines chronischen Darmleidens operiert. Er hatte starke Schmerzen und war sehr ängstlich.

Da begann ein netter Englisch-Setter namens Perri, ihn im Krankenhaus zu besuchen. Während dieser Besuche entspannte sich Jack und hatte keine Schmerzen. Schließlich besserte sich Jacks Zustand so weit, dass er auch, wenn Perri nicht da war, entspannt und schmerzfrei war.

Schmusehunde besuchen Kinder in der Kinderabteilung des Nationalen Krebsinstitutes in den USA. Wenn Kinder sehr krank und bettlägrig sind, dann sind ruhige Hunde gefragt, mit denen sie an sich gedrückt ins Traumland entschweben können.

Therapie auf dem Pferd

Mit Hippotherapie, einer Form der neurologischen Behandlung auf dem Pferd, werden hauptsächlich Kinder mit spastisch gelähmten Gliedmaßen behandelt. Meist sind das Kinder, bei denen es während der Geburt durch einen Sauerstoffmangel zu einer Schädigung des Gehirns kam. Je nachdem welche Gehirnregion von der Schädigung betroffen ist, können entweder beide Arme oder beide Beine oder alle vier Gliedmaßen spastisch gelähmt sein.

Bei Angst und Stress erhöht sich bei diesen Kindern die Muskelspannung noch mehr.

Diese Kinder können ihre Muskeln nicht so bewegen, wie sie das wollen. Auch die Koordination der einzelnen Muskelpar-

tien funktioniert nicht wie bei einem Gesunden. Wenn ein solches Kind zum Beispiel erschrickt, zieht eine Muskelgruppe in eine Richtung, ohne dass das Kind etwas dagegen tun kann.

Wenn bei einem Kind die Beine spastisch gelähmt sind, dann sind sie meistens extrem nach innen gedreht und aneinander gepresst. Werden nun diese Beine breit gemacht, dann wird der Spasmus gehemmt und das Kind wird von unten her locker. Das kann man erreichen, indem man ein solches Kind auf ein Pferd setzt. Dadurch muss es die Beine breit machen und in einer lockeren Position sitzen.

Wenn ein Kind die Beine nicht breit machen kann, dann wird es so auf das Pferd gesetzt, dass die Füße vorne am Hals des Pferdes liegen. Im Laufe der halben Stunde, so lange dauert eine Behandlungseinheit, rutschen dann die Beine langsam am Hals des Pferdes entlang nach unten bis an die Flanken.

Mit Julia, bei der alle vier Gliedmaßen von einer Muskelspannungserhöhung betroffen sind, wurde vor Beginn der Hippotherapie schon ein halbes Jahr im Therapieraum gearbeitet.

Doch das brachte bei weitem nicht so viel, wie die Behandlung auf dem Pferd, weil es auf dem warmen Rücken eines Pferdes viel schöner ist als auf einer Rolle im Therapieraum.

Das Pferd hat einen Schritt, der unserem Gang sehr ähnlich ist und bei dem Bewegungen in drei Richtungen entstehen: nach oben, nach vorne und zur Seite. Dadurch kommen Bewegungungen im Becken der Kinder, die auf dem Pferd sitzen, zustande, die sie sonst nicht machen.

Bei spastisch gelähmten Kindern ist die Beweglichkeit des Beckens meistens sehr eingeschränkt. Auf dem Pferd jedoch kommt durch das Schwingen des Pferderückens auch das Becken dieser Kinder ins Schwingen. Wenn nun das Becken besser beweglich ist, kann sich auch die Wirbelsäule darauf besser aufrichten, und das Kind bekommt durch die dreidimensionalen Schwingungen auf dem Pferd eine Haltung, die im Therapieraum nicht erreicht werden kann.

Es ist auch für die Psyche eines Kindes, das an beiden Beinen spastisch gelähmt ist und schwer oder gar nicht gehen kann, sehr aufbauend, wenn es auf einem Pferd sitzen und auf diesem umhergehen kann. Das ist ein ganz tolles Gefühl, da es sonst vielleicht im Rollstuhl sitzt oder nur an der Hand der Mutter gehen kann.

Für diese Kinder wirkt sich nicht nur das breite Sitzen auf dem Pferd günstig aus, sondern auch, dass das Pferd eine höhere Körpertemperatur hat als der Mensch. Die Kinder sitzen ohne Sattel auf dem Pferd, um den direkten Kontakt zum Tier genießen zu können, um die Schwingungen beim Gehen nicht abzuschwächen und um die Wärme des Pferderückens gut zu spüren. Wärme löst die Spasmen, und die Beine werden lockerer.

Julias Tante erzählt: »Unsere Julia hat Tiere sehr gerne. Wenn sie ein Tier sieht, blüht sie auf, lebt sie auf und vergisst ihre Behinderung. Seit der Therapie auf dem Pferd kann sie alleine schaukeln.

Sie sitzt alleine auf der Schaukel und kann das Gleichgewicht halten. Gestern freute sie sich sehr, weil sie das erste Mal alleine ein paar Schritte machen konnte.«

Julia kam als zweitgeborenes Zwillingskind auf die Welt. Leider erlitt sie bei der Geburt einen Sauerstoffmangel, weil sie zu lange im Mutterleib war. Geistig ist sie normal, das heißt, sie versteht ihre Situation und ist daher oft traurig.

Sie fährt sehr gern hierher zu den Pferden. Am Anfang traute sie es sich gar nicht zu, das Pferd loszulassen. Sie saß am Pferderücken und hielt sich fest. Höchstens eine Hand ließ sie manchmal los.
Aber jetzt sitzt sie schon freihändig auf dem Pferd und lässt die Hände locker herunterhängen.

»Du bist ja toll Julia, du hältst dich ja gar nicht mehr fest«, ruft ihre Tante, die sie immer mit dem Auto zu dieser Behandlung bringt. »Du bist ja eine richtige Reiterin, Julia. So schnell, toll.« Sie lacht. »Das Pferd bedeutet für sie alles.«

Die Therapie auf dem Pferd wird hauptsächlich im Schritt durchgeführt. Nur zwischendurch wird ein bisschen getrabt. Es ist immer eine Pferdeführerin dabei, damit die Therapeutin mit am Pferd sitzen oder daneben hergehen kann.

Auch Erwachsene mit neurologischen Erkrankungen, zum Beispiel Patienten, die an multipler Sklerose leiden, profitieren von der Therapie auf dem Pferd. Die Hippotherapie wird von Physiotherapeuten durchgeführt, die eine Zusatzausbildung absolviert haben. Daneben gibt es auch das Reiten für Behinderte unter Anleitung eines Reitlehrers, das in den Bereich des Behindertensportes gehört.

Eine weitere Form des therapeutischen Reitens ist auch das sogenannte heilpädagogische Voltigieren. Dabei fungiert das Pferd als Medium zur Vermittlung erwünschter Aktivitäten und Verhaltensweisen des heranwachsenden Menschen, wobei besonders das vorurteilslose Vertrauen des Pferdes zum Tragen kommt.

Selbst extrem ängstliche oder autistische Kinder versuchen auf ihre Art Kontakt mit einem Pferd aufzunehmen, wobei es viele Möglichkeiten der Kontaktaufnahme gibt.

Wie andere Tiere macht auch das Pferd keinen Unterschied zwischen Behinderten und Nicht-Behinderten. Es nimmt den

Menschen, der zu ihm kommt, vorbehaltlos an und es entsteht auch ein inniger Körperkontakt zwischen Pferd und Patient. Dieser innige Körperkontakt fördert den Körperselbstwahrnehmungsprozess des Patienten. Er bekommt Lust, den eigenen Körper wieder zu entdecken.

Kindern ermöglicht diese Lust am Körper und das Bewegungsgefühl auf dem Rücken eines Pferdes das spielerische Kennenlernen der eigenen Fähigkeiten, wobei sich das nicht nur im motorischen Bereich auswirkt, sondern auch die kognitive und soziale Entwicklung eines Kindes positiv beeinflusst.

Heilpädagogisches Voltigieren wird von Erziehern, Heilpädagogen oder Ergotherapeuten, die über eine entsprechende Zusatzausbildung verfügen, bei verschiedenen psychosozialen Problemen, wie zum Beispiel bei Lernstörungen, Konzentrationsstörungen, Verhaltensauffälligkeiten, Sprachstörungen, psychischen Störungen und psychosomatischen Erkrankungen, angewendet, wobei in der Regel versucht wird, das Kind in der Gruppe zu fördern.

Depressive Gefühle

Werden Sie auch manchmal morgens wach und fühlen sich depressiv? Morgendliche Depression kann kaum aufkommen, wenn Sie von Ihrem Hund geweckt werden, wenn er Sie im Gesicht gründlich »wäscht« und sich dann ein bisschen zu Ihnen kuschelt.

Nach einer Weile fordert er Sie dann ganz eindringlich zum Aufstehen auf, sodass Sie einfach mit ihm hinausgehen müssen. Dann sind Sie schon mitten drin im Tag und in Schwung und die morgendlichen Sorgen sind fast vergessen.

Halten Sie es allein zu Hause nicht aus? Fällt Ihnen manchmal die Decke auf den Kopf? Mit einem Hund sind Sie nie allein. Dieses Gefühl, das aufkommt, wenn man allein zu Hause sitzt,

ist einfach weg, wenn ein Haustier da ist, zu dem man eine Beziehung hat.

Mir ging es früher selbst auch so. Ich nahm mir zum Beispiel einen Urlaubstag, um zu Hause am Schreibtisch zu arbeiten. Kaum war meine Frau aus dem Haus, hatte ich keine Lust mehr zu arbeiten. Mit Herbert passiert mir das nicht mehr. Er legt sich neben mich, während ich am Schreibtisch sitze, und wenn ich zwischendurch aufstehe, um eine kleine Pause zu machen, muss ich ihn einfach streicheln.

Das Alleinsein ist oft die Ursache von depressiven Gefühlen, die ihrerseits wieder zur Folge haben, dass man sich lieber versteckt als unter Menschen zu gehen. Wenn nun jemand allein lebt, so zwingt ihn sein Haustier, einkaufen zu gehen. Man muss Futter holen, denn das Tier braucht es. Wenn man sich selber nichts kaufen würde, für sein Tier macht man's bestimmt.

Menschen mit einem Hund müssen täglich spazieren gehen und Kontakte mit anderen Menschen lassen sich gar nicht vermeiden. Durch ein Tier kann der Teufelskreis von Einsamkeit und depressiven Gefühlen durchbrochen werden. Das ist sicher auch ein Grund, warum sich viele Menschen ein Leben ohne ihr geliebtes Tier nicht mehr vorstellen können, denn es hält sie am Leben.

Ein Hund ist wie ein Trostpflaster, wenn man sich nicht gut fühlt. Es ist einfach schön, wenn jemand da ist, ein Lebewesen, das sich solidarisiert. Dann ist man nicht allein und kann doch seine Ruhe haben.

Auf der Suche

Es gibt Menschen, die versuchen, ihre depressiven Gefühle mit Alkohol oder anderen abhängig machenden Rauschmitteln zu betäuben. Doch wenn solche Menschen wieder nüchtern sind, holt sie ihr Unlustgefühl wieder ein, und es ist oft durch die Katerstimmung noch stärker als zuvor, sodass neuerlich zur Droge gegriffen wird.

Schließlich verselbständigt sich der Vorgang und es wird für den Süchtigen das Wichtigste auf der Welt, durch erneute Drogeneinnahme gegen das Gefühl anzukämpfen, das aufkommt, wenn die Drogenwirkung nachlässt.

Rauchen ist die am meisten verbreitete gesundheitsschädliche Sucht in unserer Gesellschaft und es fällt den Betroffenen sehr schwer, sich das Rauchen abzugewöhnen. Selbst wenn sie die Auswirkungen des Rauchens bereits am eigenen Leib spüren können, rauchen sie noch weiter.

Die Menschen, die mit einem starken Raucher zusammenleben, können durch das Passivrauchen krank werden. Nicht einmal die Tatsache, dass sie mit ihrer Sucht auch ihre Umgebung krank machen, kann Raucher von ihrem Laster abbringen, wie folgendes Beispiel zeigt: Ein starker Raucher hörte auch dann nicht mit dem Rauchen auf, als seine nichtrauchende Gattin an Lungenkrebs erkrankte, sondern erst, als er in der Zeitung gelesen hatte, dass Hunde, die in einem Haushalt mit einem starken Raucher leben, ein 30 % höheres Risiko haben, an Lungenkrebs zu erkranken. Seinem Hund zuliebe gab er das Rauchen auf.

Dieses etwas extreme Beispiel zeigt, wie die Liebe zu einem Haustier dazu motivieren kann, eine Sucht zu überwinden.

Workaholics

Es gibt Menschen, die so nach Arbeit süchtig zu sein scheinen, wie andere nach Drogen oder Alkohol. Auch solchen Menschen hilft ein Haustier. Sie können sich nicht der beruhigenden Wirkung entziehen, die vom Streicheln einer Katze oder eines Hundes ausgeht. Auch der morgendliche und abendliche Spaziergang mit dem Hund entspannt den arbeitssüchtigen Menschen.

Ein Tier zwingt uns einfach dazu, Pausen einzulegen. Ich merke das selbst, wenn ich zum Beispiel nach einer längeren Autofahrt das Auto abstelle und sofort zu einem Termin eilen möchte. Da bellt mein Hund so jämmerlich, dass ich vorher mit ihm eine Runde um den Häuserblock gehe, bevor ich weiter meinen Geschäften nacheile. Und diese Runde tut mir gut.

Der Grüne Kreis

Jeder Drogensüchtige ist auf der Suche nach Wärme und Geborgenheit, die ein Kind üblicherweise im Elternhaus erfährt. Ein Tier, wie zum Beispiel ein Hund, kann einem solchen Menschen die bedingungslose Liebe geben, die er braucht. Gleichzeitig gibt das Tier seinem Leben einen Sinn. Er wird gebraucht und muss für ein Lebewesen sorgen.

Der Grüne Kreis ist ein Verein in der Buckligen Welt in Niederösterreich, der versucht, Süchtigen wieder in ein drogenfreies Leben zurück zu helfen.

Die Patienten arbeiten während ihres Aufenthaltes in verschiedenen Einrichtungen des Vereines, wie zum Beispiel einer Gärtnerei, einer Näherei, einer Tischlerei, einem Seminarhotel und

auf vier Bauernhöfen, wo die Arbeit mit Tieren eine große Rolle spielt.

Weil der Suchtkranke beziehungsgestört ist, funktioniert oft der erste Schritt zu einer Beziehung zu einem Tier leichter als zu einem Menschen. Erst wenn er diesen Schritt geschafft hat, kann er dann zu anderen Menschen eine Beziehung aufnehmen. Die heilsame Wirkung der Mensch-Tier-Beziehung ist eine Säule des Therapiekonzeptes des Grünen Kreises und deshalb hat der Grüne Kreis auch auf 60 Hektar Grund hunderte von Tieren. Neben Rindern, Schweinen, Hunden und Katzen hat der Grüne Kreis eine der größten Lamazuchten sowie Traberpferde und Kamele und ist auch eine Arche Noah für gestrandete Tiere.

Lotse Lama

Behcet erzählt über sein Leben: »Ich wäre wahrscheinlich tot. Heute würde ich sicher nicht mehr leben, wenn ich weiter Drogen genommen hätte.

Seit vier Jahren bin ich jetzt im Grünen Kreis. 28 Monate lang war ich hier Patient. Bei meiner ersten Therapie war ich sechs Monate hier, bevor ich sie abbrach.
Bei der zweiten Therapie kam ich dann in den Marienhof, wo die Lamas waren. Dort entwickelte ich eine starke Beziehung zu Lamas, so stark, dass ich schon das Gefühl hatte, sie verstehen mich.

Ich flüchtete vor den Menschen. Ich wollte mit keinem Menschen etwas zu tun haben. Ich war so weit, dass ich von nie-

mandem etwas wissen wollte. Die Lamas waren wie ein Lotse für mich. Lamas sind scheu und stolz, werden aber trotzdem zutraulich.

Ich hatte oft Rückfallsgedanken und wollte einfach gehen. Ich hatte aber so eine starke Beziehung zu den Lamas, dass ich sie nicht im Stich lassen konnte.

Ich hatte mich jahrelang vor der Verantwortung gedrückt, für andere Menschen und für mich selbst. Jetzt übernahm ich Verantwortung für die Lamas. Sie waren auf mich angewiesen. Ich dachte mir, sie brauchen mich, und dieses Gefühl war so stark, dass ich blieb.
Ich fühlte mich von ihnen verstanden. Heute weiß ich, dass sie mich nie verstanden hatten, aber das Reden mit den Tieren half mir.

Von den Tieren lernte ich viel, zum Beispiel Offenheit. Menschen waren für mich oft enttäuschend und verlogen. Auch ich war so. Ich enttäuschte andere Menschen und log sie an. Ich war selbst nicht ehrlich.

Von den Lamas lernte ich, ehrlich zu sein. Wenn ihnen etwas nicht passt, spucken sie oder schlagen aus. Sie zeigten mir sofort, wenn etwas nicht in Ordnung war. Ich lernte auch geduldig zu sein. Man muss sich den Lamas anpassen. Dadurch entwickelt man Geduld. Die Zuneigung, die man von den Tieren bekommt, ist enorm.

Es ist ein so großer Erfolg, wenn sie endlich auf dich zukommen, weil sie so scheu sind. Auch die Angst, wenn ich einem Tier gegenüberstehe, ist weg. Durch die Lamas fand ich auch wieder Kontakt zu Menschen.

Durch meine Drogenzeit entwickelte ich einen richtigen Menschenhass. Als ich Heroin nahm, hatte ich das Gefühl, ich mag meine Umgebung. Aber das wurde mit der Zeit schwächer. Ich nahm dann so viel Heroin, dass ich dieses Hassgefühl unterdrücken konnte. Ich hatte vor den Menschen Angst oder wollte nichts mit ihnen zu tun haben. Ich lief einfach davon. Ich hatte vor den Menschen keinen Respekt mehr, auch vor mir selbst nicht. Durch diese Tiere lernte ich wieder zu lieben. Ich kann mich selbst und andere Menschen wieder lieben und respektieren, zwar nicht alle, aber wenn ich jemanden mag, dann spüre ich das.

Ich wurde auch offener, sodass ich schon von mir erzählen kann. Es war eine wichtige Erfahrung, dass ich vor den Tieren nicht Angst, sondern Respekt haben muss. Dadurch vertrauen sie mir und ich vertraue ihnen. Das war ein wichtiger Prozess für mich, richtig vertrauen zu lernen. Ich vertraute niemandem und dachte, ich muss die Tiere dazu bringen, dass sie mir vertrauen. Nun weiß ich, dass ich zuerst den Tieren vertrauen muss.

Ich wusste nicht, was mich erwartet. Ich stand mit einem unbeschreiblichen Gefühl vor den Tieren und wusste nicht, was jetzt passiert. Spuckt es oder schlägt es aus? Ich hatte vor diesen Tieren Angst, weil sie mir fremd waren. Das sind ja keine in Europa heimischen Tiere. In der Türkei gibt es auch keine Lamas. Ich kannte sie daher auch nicht von meiner Kindheit. Ich hatte eine unbeschreibliche Angst vor dem Fremden.

Da ich acht Stunden am Tag mit den Tieren beschäftigt war, verwandelte sich diese Angst dann in Respekt. Ich kenne meine

Grenzen bei den Tieren. Ich weiß, wie weit ich gehen darf. Das ist wichtig, denn sonst schlägt es aus, spuckt oder wird scheu und geht von mir weg oder läuft davon. Ich fand bei den Lamas viele Parallelen zu mir selbst.

Ich hatte auch einen Einzeltherapeuten und Gruppentherapien, die mir sehr halfen, nicht nur die Tiere.

Ich merkte auch, dass ich psychisch gesund wurde. Wenn es mir heute schlecht geht, wenn ich zum Beispiel von der Hektik der Großstadt zurückkomme, gehe ich, wie früher, zu den Lamas. Das entspannt mich.
Wenn ich Aggressionen habe und mit anderen Leuten streite, dann gehe ich zu ihnen, hole mir ihre Zuneigung und das beruhigt mich.

Ich glaube, ich habe zu Tieren einen guten Kontakt. Wenn ich mich von den Menschen nicht verstanden fühlte, ging ich in den Stall. Ich sang den Tieren manchmal in meiner Muttersprache, türkisch, vor, oder erzählte türkische Märchen. Ich war überzeugt, dass die Lamas mich verstehen würden.

Jetzt arbeite ich im Mädchenhaus. Seit einem Jahr bin ich beim Grünen Kreis angestellt.
Ich miete jetzt mit einem Freund ein Haus, habe ein Auto gekauft und zahle meine Alimente. Ich bin also auf dem Weg zur gesellschaftlichen Reintegration.

Jedes Mädchen, das möchte, betreut hier ein eigenes Lama. Das Mensch-Tier-Beziehungsfieber kann ansteckend sein. Heute kam ein Mädchen, das seit zwei Wochen hier ist, und fragte, ob es auch beim Lamatraining mitmachen könne.

Freude überkommt mich, wenn Susi erzählt, dass sie heute das erste Mal einem Lama das Halfter angelegt hat.

Manchmal erinnere ich mich an früher, wenn ich zum Beispiel Isabella sehe, die Angst hat, oder wenn Susi sagt, dass sie durch die Arbeit mit den Lamas entspannt ist. Ich mag diese Arbeit hier gern, obwohl es manchmal auch frustrierend sein kann, wenn die Tiere nicht mitmachen. Aber meistens kann man alles von ihnen haben, sogar ein Küsschen kann man von einem Lama bekommen. Sie sind wie wir.

Indem man sich ein bisschen in die Lamawelt einfühlt, lernt man auch sich selbst kennen.«

Kinder, deren Mütter während der Schwangerschaft Drogen wie Crack, Kokain oder Heroin zu sich nehmen, kommen mit einer Vielzahl von gesundheitlichen Problemen auf die Welt. Sie entwickeln sich nur langsam und haben Konzentrations- und Sprachstörungen. Außerdem verhalten sie sich zurückgezogen und tolerieren keine körperliche Berührung.

Der dreijährige Kevin war schon im Mutterleib Kokain und Heroin ausgesetzt. Er wehrte sich so heftig gegen Berührung, dass ihn seine Mutter kaum baden konnte. Er konnte stehen, aber nicht gehen. Alles wurde versucht, um ihn zu einer Bewegung oder einem Laut zu bewegen, doch nichts half, weder Spielsachen, noch Musik oder Süßigkeiten.

Eines Tages ging man mit ihm an den Meeresstrand, weil man dachte, eine andere Umgebung würde sich vielleicht positiv auswirken. Als er eine Möwe sah, gab er Laute von sich und begann auf sie zu zeigen. Es war das erste Mal, dass er versuchte sich auszudrücken. Deshalb wurde auch ein Vogel gekauft und jedes Mal, wenn sich Kevin ohne Gegenwehr baden ließ, durfte er den Vogel sehen. Nach kurzer Zeit konnte er ohne Mühe gebadet werden und sagte sein erstes Wort: »Vogel«.

Dieser Erfolg mit dem Vogel führte dazu, dass er auch einen Hund bekam. Er begann, zum Hund zu kriechen und ihn zu streicheln. In Kürze war er aber auch so weit, dass er ohne Hilfe ein paar Schritte in Richtung Hund machen konnte.

Dieses Beispiel zeigt sehr eindrucksvoll, dass in einer therapeutisch sehr schwierigen Situation bei einem unterentwickelten, verhaltensgestörten Drogenkind nur mit Tieren ein Fortschritt zu erzielen war.

Mozartkatzen

Frau Sieglinde besiegt den Stress mit ihren Katzen: »Wenn ich nach Hause komme, dann sind alle neune da – meistens übereinander, wie die Bremer Stadtmusikanten. Darüber freue ich mich sehr und lasse den Stress vom Büro vor der Tür.

Ich komme herein und begrüße sie alle. Ich komme gern nach Hause, auch wenn ich dann gleich die Katzentoiletten reinigen muss. Das macht nichts.

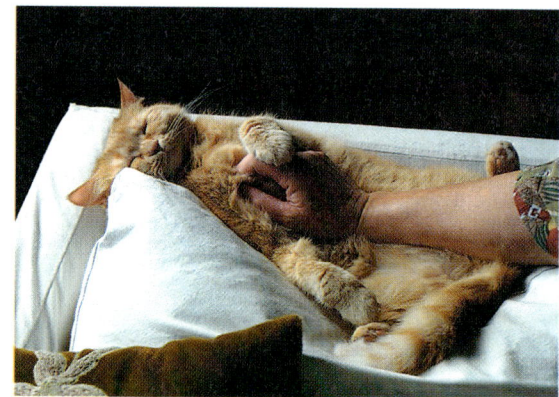

Ich hatte früher viele seelische Probleme und alle zwei Monate einen schweren Ausrutscher mit Alkohol. Ich hätte immer gern Kinder gehabt, denn es ist für jeden Menschen wichtig, Verantwortung zu haben.

Doch seit fünf Jahren trinke ich keinen Tropfen Alkohol mehr. Es half mir sehr, durch die Radiästhesie Tiere anders zu sehen. Jedes Tier hat eine positive Ausstrahlung und Tiere sind dazu da, dass der Mensch die Möglichkeit hat zu lernen, ein Mensch zu sein. Ich werde durch sie sehr ruhig, weil das Klima in meiner Wohnung harmonisch ist. Jetzt habe ich alles im Griff.

Ich spüre, dass die Tiere meine Energie erneuern. Wenn ich viel Arbeit habe und beim Computer sitze und um mich herum sind vier Katzen, dann spür ich die Arbeit nicht. Ich kann mich

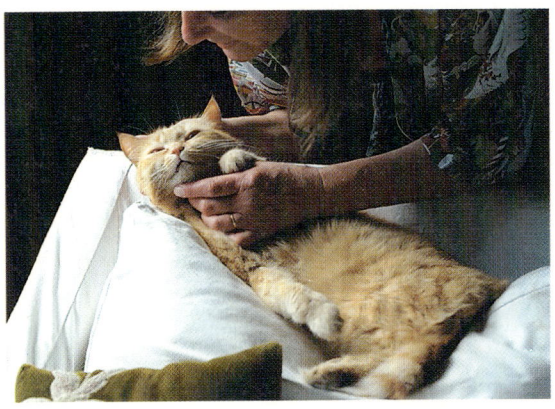

besser konzentrieren und kann bis um vier in der Früh arbeiten, ohne müde zu werden. Im Büro, wo ich nur meinen Computer habe und meine Tiere nicht, kann ich das weniger gut durchstehen.

Es tut gut zu sehen, dass man ein gutes Werk tut. Ich rettete die Tiere vor dem Tod. Das wissen sie auch und es gibt mir ein unglaublich gutes Gefühl zu sehen, dass sie glücklich sind.

Als Partner ist ein Tier immer liebend, immer da. Das muss man bei einem Menschen wirklich lang suchen. Von einem Tier wurde ich auch noch nie enttäuscht. Mir fehlt überhaupt nichts. Ich bin ein sehr glücklicher Mensch. Meine Katzen haben fast alle Mozartnamen. Ohne sie möchte ich nicht mehr leben.

Das Wichtigste ist, dass man selbst lernt, sich auf den Augenblick zu besinnen, so wie das Katzen tun, die sich einfach mit Genuss hinlegen und schlafen. Es gefällt mir auch, wenn sie ganz nervös werden, weil ich das Futter schneide. Da springen vor lauter Freude vier bis fünf Katzen umher, dass ich Angst habe, einer Katze in die Nase zu schneiden.

Es gibt überhaupt keinen Streit ums Futter. Es ist eine Freude ihnen zuzuschauen. Da setze ich mich ruhig hin und höre ihnen zu, wie sie schmatzen. Bei den Katzen klingt das wie Musik. Es ist entzückend.

Die Tiere zeigen mir auch, dass sie miteinander auskommen können, indem sie sich arrangieren. Rivalitäten zwischen zwei Katzen konnte ich bisher immer mit Liebe bereinigen, indem

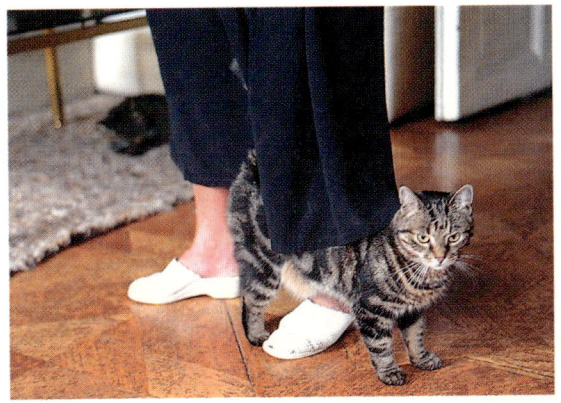

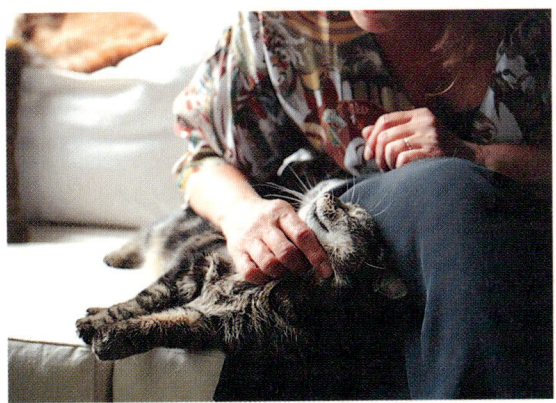

ich beide gleichzeitig streichle. Mit Liebe geht bei Katzen alles. Das sollte man auf die Menschen übertragen können.

Den Tonfall verstehen die Katzen, nur erziehen kann man sie nicht. Was soll's?
Was bringt es, wenn ich den ganzen Tag im Büro bin, und ich verbiete ihnen auf den Tisch zu springen? Natürlich springen sie hinauf. Aber wenn Besuch da ist, benehmen sie sich wie brave Kinder und keine springt auf den Tisch.

Es ist wichtig, kein Lieblingstier zu haben. Das ist ganz einfach, weil immer diejenige gestreichelt wird, die gerade kommt, die es gerade verlangt, die es gerade braucht oder die gerade da ist. Es wird keine bevorzugt. Sie wohnen hier mit mir in absoluter Harmonie. Mir haben meine Tiere sehr geholfen und helfen mir noch immer, denn sonst würde ich den Stress in meinem Alltag nicht durchstehen.

Wenn ich schlafen gehe, kommen alle meine Tiere zu mir ins Bett. Eine liegt auf meiner Brust, eine schnurrt in mein rechtes Ohr und eine in mein linkes Ohr. Das ist die schönste Musik neben Mozart, die ich kenne. Wenn ich von einem schweren Tag erschöpft bin, schlafe ich glücklich innerhalb von drei Minuten ein, weil das so beruhigend ist. Durch dieses Schnurren und einfach Dasein und Liebsein, lade ich mich auf und bin am nächsten Morgen wieder fit. Da spüre ich so richtig, dass ich etwas bekomme.

Von meinen Tieren habe ich auch dieses Loslassen und das Genießen des Augenblicks gelernt. Katzen sind Lebenskünstler.

Katzen mögen keine übellaunigen Menschen. Auch Menschen mit einer negativen Ausstrahlung mögen sie nicht. Das spüren sie sofort.

Man lernt von den Katzen auch ein bisschen gesunden Egoismus. Das ist der Egoismus, der gesund macht, die Portion, die man für sich beanspruchen sollte. Man lernt auch, sich in seinen Bewegungen etwas zurückzunehmen und man versucht ganz selbstverständlich, wenig Lärm zu machen. Das kommt dem Menschen natürlich selbst auch zugute, weil er einfach ruhiger wird und die Stunden, die er zu Hause verbringt, wirklich genießt.

Man muss aber auch lernen, mit weniger angenehmen Dingen, wie zum Beispiel abgekratzten Möbelstücken, zu leben. Das muss ich akzeptieren, denn ich kann nicht mit neun Katzen in einem Museum leben. Die Frage ist: Was ist lebenswichtig für mein Wohlbefinden, für das Wohlbefinden der Tiere und was ist eigentlich nebensächlich? Man lernt, die Dinge zu sehen, wie sie sind und zu relativieren. Die Leute, die zu mir kommen, sind auch alle tierlieb.

Katzen und Mozart sind einfach das Beste für die Gesundheit. Das Schnurren einer Katze ist das Beruhigendste, was es gibt. Das hat für mich dieselbe Wirkung wie Mozart. Es ist die totale Befreiung und Entspannung, ich fühle mich frei und glücklich.

Wenn Laurin mich sieht, fängt aus lauter Liebe seine Nase an zu tröpfeln. Ich ging jeden Tag, auch spät in der Nacht, hinauf in den kleinen Halbstock, wo er sein Reich hat. Lange Zeit kam er von dort nicht herunter und ich verbrachte dort mit ihm eine Stunde. Dabei machten wir Turnübungen, schmusten und sprachen miteinander. Ich habe kein Lebewesen, das mir näher ist.

Ich verreise nicht besonders gerne. Ich bin lieber zu Hause. Viele können das nicht verstehen. Sie machen mich darauf aufmerksam, dass ich nie eine Reise machen kann und reagieren verständnislos, wenn ich darauf antworte, dass ich meinen Urlaub mit meinen Katzen verbringe. Ich fahre im Urlaub wohl ein bisschen mit meinem Auto umher, aber am Abend bin ich wieder bei meinen Katzen.«

Mozartnamen für Katzen scheinen sehr beliebt zu sein und nicht nur Frauen scheinen Katzen entspannen zu können, wie Herr Rudolf erzählt:

»Mein Kater Amadeus ist für mich eine ganz besondere Nervenberuhigung, wenn ich aus irgendwelchen Gründen aufgeregt oder nervös bin. Das Streicheln des Tieres und wie mich das Tier liebkost, hilft mir sehr viel.

Ich hebe ihn auf und trage ihn umher. Kurze Zeit, drei bis vier Minuten, lässt er sich das gefallen, und das genügt mir, meine innere Ruhe wiederzufinden. Wenn er nicht mehr will, springt er hinunter, und die schlechte Laune oder Nervosität ist wie weggeblasen. Er weiß genau, was los ist.«

Ich muss draußen bleiben

»Das Mitnehmen von Tieren in den Anstaltsbereich ist aus hygienischen Gründen verboten!« heißt es auf einem Schild beim Eingang zum Krankenhaus. Das Verbot, Tiere ins Krankenhaus mitzubringen, stimmt uns traurig, nachdem wir erfahren haben, wie vielfältig die gesundheitsfördernden Effekte der Beziehung zwischen Mensch und Tier sein können. Es überwiegt doch die therapeutische Wirkung des Besuches eines geliebten Tieres am Bett eines kranken Menschen bei weitem eine eventuelle Gesundheitsgefährdung.

Gerade im Krankenhaus, wo die Menschen die heilende Wirkung, die von der Mensch-Tier-Beziehung ausgeht, besonders für ihren Genesungsprozess brauchen könnten, ist die Mitnahme von Tieren verboten.

Wie irrational die Begründung dieses Verbotes »aus hygienischen Gründen« ist, zeigt sich schon allein darin, dass sich auf dem Areal eines Krankenhauses gewöhnlich eine ganze Reihe von Tieren tummeln.

Ich denke da an das alte AKH in Wien. Dort gab es in den Höfen Eichkätzchen, Tauben und sogar Enten in einem kleinen Gewässer. Wenn man mit dem Auto unterwegs war, musste man aufpassen, diese Enten nicht zu überfahren, und am Morgen wurden die Patienten durch Vogelgezwitscher geweckt.

Weiters gab es im alten AKH Marder, die Autokabel durchbissen, und selbstverständlich Mäuse und Ratten. Nur Hunde oder Katzen durften das Areal nicht betreten. Nun werden manche sagen, Gott sei Dank sind diese Zeiten vorbei, und das AKH ist in ein neues Gebäude übersiedelt, wo es keine Kleintiere mehr gibt. Wenn jetzt Patienten das Fenster öffnen, was sie ja nicht tun sollen, damit die Klimaanlage nicht gestört wird, dann hören sie nur den Autolärm vom Gürtel und kein Vogelgezwitscher mehr.
Ob das besser ist und eher zur Genesung beiträgt?

Wer die riesigen sterilen Wartezonen im neuen Wiener AKH kennt, wo Patienten viele Stunden warten müssen, bis sie aufgerufen werden, der kann sich vorstellen, was für eine nette Aufheiterung hier ein kleiner Hund oder ein Aquarium mit Fischen oder ein paar Wellensittiche sein würden. Nur die Tiere wären arm in diesem Stahlbau. Man würde bald feststellen, dass man Tieren nicht zumuten kann, was Menschen selbstverständlich erdulden müssen, nämlich sich tagelang darin aufzuhalten.

Inzwischen gibt es Tierbesuchsprogramme in Pflegeheimen. Doch worin besteht nun der Unterschied zwischen Pflegeheim und Krankenhaus, der begründet, dass Tiere ins Pflegeheim mitgebracht werden dürfen, aber ins Krankenhaus nicht? Es gibt eigentlich keinen!

Die überwiegende Mehrzahl der Menschen besitzt kein Haustier und steht daher den Tierhaltern mit wenig Verständnis gegenüber. Außerdem sind, in einem so großen Krankenhaus wie dem AKH in Wien, die Angestellten, die dort arbeiten, sehr gestresst.

Das lange Warten macht die Patienten aggressiv. Das Streicheln eines Hundes würde die wartenden Patienten entspannen. Mit Tieren im Spital wären die Patienten weniger aggressiv und auch die Angestellten weniger gestresst. Ich wäre dafür, dass Patienten mit ihren Tieren ins Krankenhaus kommen können. Ich erinnere mich an eine Patientin, die sich nicht zur lebensrettenden Chemotherapie aufnehmen lassen wollte, weil sie niemand für ihren Hund zu Hause hatte.

Man stelle sich nur vor, welche Beruhigung es für viele Menschen bedeuten würde, wenn sie in Begleitung ihres Hundes zum Arzt gehen könnten. Außerdem wurde festgestellt, dass ältere Leute, die ein Haustier besitzen, viel seltener den Arzt aufsuchen, sodass Tiere regelrecht vom Arzt zur unterstützenden Behandlung verordnet werden sollten.

Eine wahre Geschichte

Frau S. ist zur medikamentösen Umstellung stationär in der Psychiatrischen Klinik. Sie fühlt sich, den Umständen entsprechend, wohl und schmückt ihr Zimmer mit Blumen. Während therapeutischer Ausgänge kauft sie nicht Schnittblumen, nein, es müssen ordentliche Pflanzen sein, wie etwa Orangenbäume, die bis knapp unter die Zimmerdecke reichen.

So ist das Zimmer von Frau S. voll mit Pflanzen und anderen mehr oder weniger nützlichen Dingen des täglichen Lebens. Ordnung zu halten ist ein sinnloses Unterfangen, aber schließlich genießt sie als Sonderklassepatient gewisse Zugeständnisse.

Abendliche Dienstübergabe, Versorgung der Patienten, Licht aus, Nachtruhe.

Nachts 2 Uhr: Beim routinemäßigen Rundgang bemerkt Schwester Annemarie im Zimmer der Patientin S. ein offenstehendes Nachtkästchen. Das wäre nichts Besonderes, doch bei näherer Betrachtung – oh Schreck, da sitzt ein Tier. Treuherzig blicken kleine Augen in den matten Lichtkegel der Taschenlampe.

Die zweite Nachtdienstschwester wird herbeigeholt. Kein Zweifel, hier sitzt ein kleiner weißer Hund. Es herrscht Ratlosigkeit. Was ist zu tun? Die Schwestern beschließen, den diensthabenden Oberarzt zu rufen. Dieser bestätigt vorerst die Zurechnungsfähigkeit der Nachtdienstschwestern und stellt fest, dass es sich nicht um eine Sinnestäuschung handelt. Hier sitzt tatsächlich ein Hund.

Frau S., immer noch schlaflos, bewacht mit grimmigem Blick ihren kleinen Zimmergenossen, den sie in ihr Zimmer geschmuggelt hat. Es wird überlegt. Hund muss weg, Hund bleibt da – aus therapeutischen Gründen. Nein, dagegen spricht die Hygiene.

Wie groß ist das Risiko, den Hund aus dem Zimmer zu schaffen? Frau S. ist kräftig und hat schließlich 120 kg. Sie würde sich sicher zur Wehr setzen. Andererseits hat der Oberarzt auch ein Gewicht jenseits der 100-kg-Marke.

Soll man einen Wutausbruch der Patientin riskieren? Nein, wenn solche Massen aufeinanderprallen – nicht auszudenken. Man besinnt sich daher der gewaltlosen Psychiatrie. Der Hund ist klein, jung, hat noch nicht einmal bellen gelernt und macht höchstens da und dort eine kleine Lacke. Also bleibt das Tier vorläufig bis zum Morgen bei seinem Frauchen.

Morgendliche Dienstübergabe: 20 Patienten und 1 Hund. Um 8 Uhr ist Handlungsbedarf gegeben. Alles verfügbare Personal versammelt sich im Krankenzimmer von Frau S. Stationsschwester Roswitha fasst sich schließlich ein Herz, schnappt den Hund und läuft mit ihm in die Oberschwesterkanzlei.

Alle kommen, um den jungen Hund zu bewundern. Wie viel Zuneigung und Liebe muss sich der Kleine gefallen lassen. Was soll mit dem Winzling geschehen? Wer kennt sich aus mit jungen Hunden? Soll man das Tierheim verständigen, oder sollen sich die Angehörigen von Frau S. um eine Lösung bemühen?

Ein Pfleger meint, vielleicht hätte das benachbarte Labor eine Verwendung. Doch dieses Ansinnen löst Empörung aus, und der Pfleger muss die Kanzlei verlassen. Das junge Hündchen zeigt sich indessen von all der Aufregung unbeeindruckt. Es hat inzwischen die liebevoll ausgepolsterte Schachtel verlassen, beschnuppert die Füße aller neugierigen Besucher und pinkelt an Tisch- und Sesselbeine.

Schließlich wird der Hund von der Bettenstation zurückgeholt und Angehörigen der Patientin übergeben. Zuletzt landet er auf einem guten Platz bei einer Krankenschwester, die täglich in der Klinik berichten muss, wie es dem Kleinen geht.

Dass Tiere, im speziellen Fall Vögel, eine positive Rolle bei der Behandlung von psychiatrischen Patienten spielen, zeigt eine Studie, die in den USA an der Universität von Pennsylvania durchgeführt wurde.

Dabei wurden zwei Gruppen von Patienten täglich 11 Wochen lang in identen Räumen behandelt, die sich nur dadurch unterschieden, dass in einem Raum vier Käfige mit Finken standen.

Es stellte sich heraus, dass die Patienten in dem Raum mit den Vögeln häufiger an den Gruppensitzungen teilnahmen und sich während der Sitzungen auch häufiger zu Wort meldeten. Das bedeutet, dass die Gegenwart der Tiere den Gruppenprozess förderte. Zum Schluss des Projektes waren die Patienten der »Vogelgruppe« auch signifikant weniger feindselig als die Patienten der »vogellosen« Gruppe.

Therapeuten, die in Gegenwart von Tieren arbeiten, wirken weniger bedrohlich, sodass in der Folge die Patienten auch bereit sind, mehr von sich preiszugeben. Und genauso wie der Therapeut mit einem Tier auf den Patienten humaner wirkt, so wird auch der Patient mit einem Tier vom Therapeuten als zugänglicher eingeschätzt. Diese gegenseitige positive Annahme wirkt sich natürlich förderlich auf den therapeutischen Prozess aus.

Der Einsatz von Tieren bei der Behandlung von psychiatrischen Patienten geht bis in das Jahr 1790 zurück. Damals wurde das sogenannte York Retreat in England gegründet, wo Hasen und Hühner in die Behandlung der Patienten integriert wurden. Dabei konnten die Patienten bei der Betreuung der von ihnen abhängigen Tiere lernen, auch für sich selbst Verantwortung zu übernehmen.

Alt – aber nicht dumm

Menschen, die an der Alzheimerkrankheit leiden, sind gekennzeichnet durch einen fortschreitenden Verfall ihrer geistigen Fähigkeiten.

Daneben finden sich Verhaltensstörungen, Stimmungsschwankungen und Halluzinationen, wobei diese Begleitsymptome für die Angehörigen eines Alzheimerpatienten oft viel störender sind, als die eigentliche Krankheit.

Eine Katze oder ein Hund haben nun folgende positive Auswirkungen auf einen Patienten mit Alzheimer: Sie verlangsamen das Fortschreiten des geistigen Verfalls. Am stärksten ist aber die Wirkung auf Begleitsymptome der Erkrankung wie Aggressionen und Ängstlichkeit der Patienten.

Patienten, die stundenlang sitzen und einen Hund oder eine Katze am Schoß haben und streicheln, sind wesentlich ruhiger und weniger ängstlich als Patienten, die keinen Kontakt zu einem Haustier haben.

Weiters wurde beobachtet, dass Tiere die Kontaktaufnahme mit Alzheimer-Patienten erleichtern. Patienten, die mit ihren Betreuern schon lange nicht mehr in einer Weise sprachen, die einen Sinn ergeben würde, wurden beobachtet, wie sie vollkommen normal mit einem Tier sprachen und keine Schwierigkeiten hatten, sich den Namen des Tieres zu merken, während sie oft die Namen ihrer engsten Angehörigen nicht mehr wussten. In Gegenwart eines Tieres gingen sie eher aus sich heraus und waren dann sogar bereit, auch mit anderen Menschen zu reden.

Haustiere wirken sich auch positiv auf die Betreuer von Alzheimerpatienten aus. Junge Frauen, die Katzen gerne mögen, sind viel weniger stressanfällig, und männliche Betreuer, die selbst einen Hund haben, fühlen sich wesentlich ausgeglichener. Und welcher Betreuer bleibt unberührt beim Anblick einer Patientin, die gerade von einem Kaninchen geküsst wird?

Hund als Erzieher

Aber nicht nur Alzheimerpatienten werden durch Haustiere weniger aggressiv. Auch selbst spürt man, dass sich der Hund fürchtet, wenn man sich aggressiv verhält, zum Beispiel beim Autofahren, und dass sich der Hund fürchtet, das will kein Herrchen und passt daher sein Verhalten an.

Wenn Sie auf der Landstraße fahren und Ihr Hund legt seine Schnauze von hinten auf Ihre Schulter, dann werden Sie automatisch langsamer fahren.

Ich könnte mir auch vorstellen, dass in Institutionen, wo ein sehr aggressives Klima herrscht, Tiere moderierend wirken könnten.

Gemeinsam geht's uns richtig gut!

Ihr bester Freund hält Sie gesund.
Wir halten Ihren besten Freund gesund!

Therapie mit Tier

»Ins Pflegeheim Lainz fahren die Klubs mit ihren Hunden und Katzen, um dort die Patienten zu besuchen. Sie kommen das ganze Jahr über, zweimal im Monat – das baut die geistig schon leicht verwirrten Menschen sehr auf«, weiß eine Bekannte zu berichten.

Im Jahre 1988 begann Frau Primaria Dr. Eva Fuchswans im jetzigen Geriatriezentrum Am Wienerwald mit einem Tierbesuchsprogramm. Ihre diesbezüglichen Erfahrungen, über die sie vor kurzem berichtet hat, sind im nachfolgenden Text zum Teil enthalten.

Wenn ein alter Mensch ins Pflegeheim muss, bedeutet das für ihn ein große Umstellung. Er wird herausgerissen aus seiner gewohnten Umgebung und muss oft mit anderen fremden

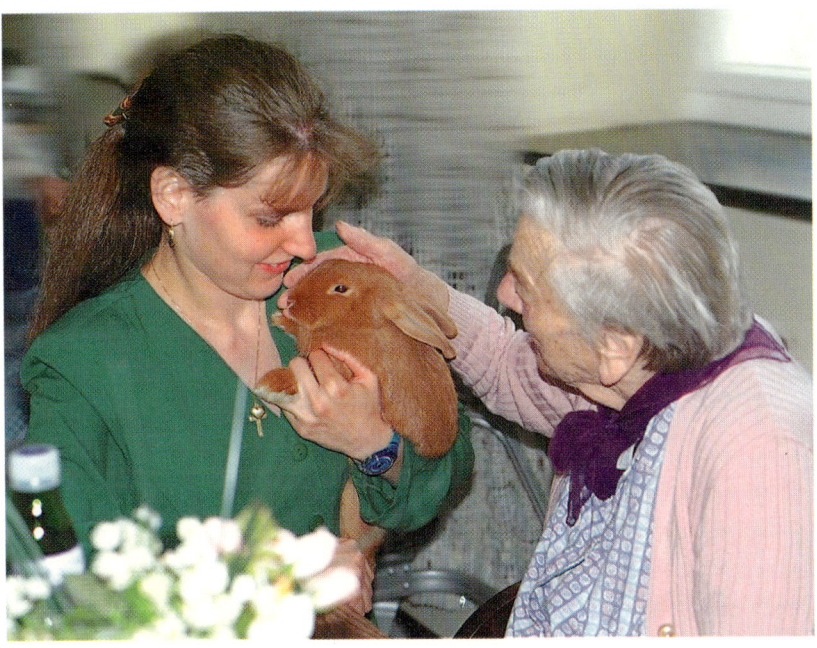

Menschen ein Zimmer teilen. Das bedeutet großen Stress. Dazu kommt, dass der Grund für eine Einweisung ins Pflegeheim darin liegt, dass der betreffende Mensch die Fähigkeit verloren hat, gewisse lebensnotwendige Tätigkeiten selbständig zu verrichten und folglich permanent auf fremde Hilfe angewiesen ist. Das deprimiert viele. Für die meisten besteht keine Aussicht mehr, jemals wieder in ihre Wohnung zurückzukehren. Viele verlieren dadurch ihren Lebenswillen. Leider hat auch das Personal in einem Pflegeheim viel zu wenig Zeit, sich den Patienten zuzuwenden. Zusammengefasst bedeutet die Einweisung ins Pflegeheim für die Betroffenen Stress, Trauer und Depression. Zustände, von denen wir wissen, dass sie durch den Kontakt zu Tieren erleichtert werden können, wobei der Kontakt zu den Tieren eine Brücke zu mehr Kontakt mit anderen Menschen darstellt.

Ein alter Mann, der seit Geburt schlecht hört, hat während der fünf Jahre im Pflegeheim nichts gesprochen, weil er sich schämte und Angst vor Spott hatte. Erst als Tiere auf die Station kamen, begann er mit diesen zu sprechen. In der Folge wagte er es dann auch, mit seinen Betreuern zu sprechen.

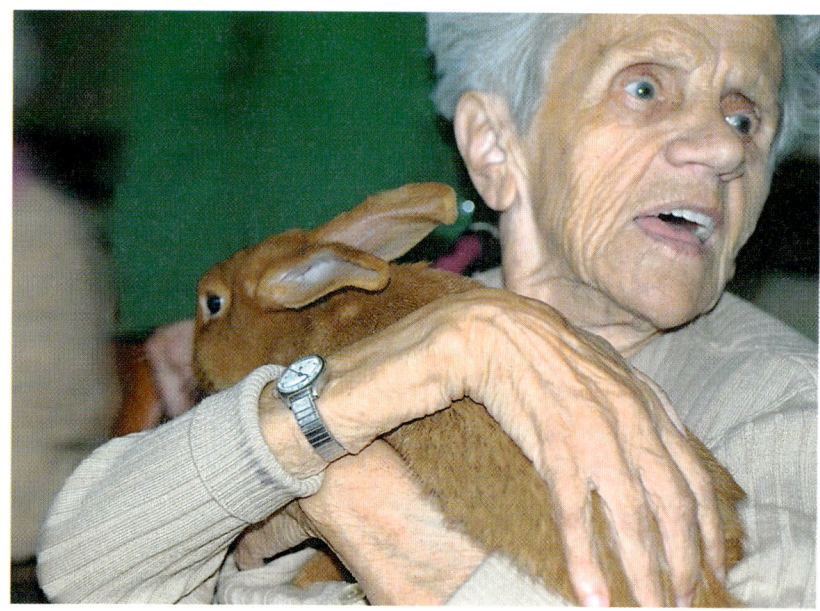

Tiere können den Kontakt zu Mitmenschen verbessern. Mit ihnen können Patienten leichter reden, denn Tiere werten nicht, spotten nicht und schimpfen nicht, wie manchmal Angehörige und Personal.

Eine andere Patientin war nach mehreren Schlaganfällen nicht mehr ansprechbar. Sie nestelte nur mit ihren Fingern an der Bettdecke. Legte man ihr jedoch einen Kater ins Bett, so streichelte sie dieses Tier.

In der Rehabilitation von Schlaganfallpatienten können Tiere sehr helfen. Es beginnt beim Füttern der Tiere, was die Patienten gerne machen. Durch das Füttern wird die Feinmotorik der Patienten trainiert und sie lernen wieder zu greifen. Auch für Patienten mit der Parkinsonschen Krankheit ist das Füttern eine gute Gelegenheit, ihre Finger zu gebrauchen. Wenn sie einem Tier ein Geschirr anlegen, üben sie dadurch Bewegungen, die sie zum Zumachen der Knöpfe brauchen. Wenn ein Hund am Ende des Ganges wartet, üben die Patienten das Gehen mit viel mehr Freude.

Eine andere Schlaganfallpatientin versuchte, die durch die gelähmte Muskulatur gekrümmten Finger wieder aufzudehnen,

indem sie die Hand unter einen Hund legte. Diese Patientin hatte durch den Schlaganfall außerdem eine Sprachstörung, sodass sie sich schämte, mit Menschen zu sprechen. Mit dem Hund betete sie jedesmal einen Rosenkranz.

Auch sonst sind die Patienten eher zu motivieren, wenn ihnen das Wiedererlernen von Alltagstätigkeiten im spielerischen Umgang mit Tieren ermöglicht wird, zum Beispiel das Reinigen der Katzentoilette, während die Katze zusieht.

Für das Personal sind Tiere auf einer Station mit Mehrarbeit verbunden. Trotzdem ist das Personal dafür, dass Tiere da sind, weil die Stimmung auf Pflegestationen mit Tieren besser ist. Den Betreuern selbst tun Tiere auch gut. Sie helfen gegen das Gefühl des Ausgebranntseins, das sogenannte burn-out-Syndrom. Ein weiterer Vorteil für das Personal ist, dass es selbst Tiere mitbringen kann und zum Beispiel der Hund nicht den ganzen Tag allein zu Hause bleiben muss.

Tiere auf einer Pflegestation haben auch zur Folge, dass die Enkelkinder häufiger zu Besuch kommen. Das bedeutet viel Freude für die Patienten.

Auch in einer Pflegeabteilung im Pulmologischen Zentrum der Stadt Wien gibt es seit kurzem Tiere.

Zwei Psychologiestudentinnen untersuchen im Rahmen ihrer Diplomarbeit, wie sich die Anwesenheit von Tieren auf das Befinden der Patienten auswirkt.

Bei früheren Studien dieser Art fand man auch heraus, dass Patienten mit depressiven Verstimmungen oder chronischen Schmerzen durch die Anwesenheit von Tieren weniger Medikamente brauchen.

In den USA gibt es bereits den Beruf des Tiertherapeuten. Die Ausbildung dauert drei Jahre und umfasst Ergotherapie, Physiotherapie und Psychologie.

In Wien wurde 1995 von Frau Silvia Thoma-Schwarz die Arbeitsgemeinschaft Tierapeut gegründet. Frau Schwarz besitzt verschiedene Tiere, wie Hunde, Katzen, Meerschweinchen und Hamster und besucht mit diesem kleinen Zoo Pflegeheime, Krankenhäuser, Schulen und Kindergärten in Wien. Ein Tier soll ihrer Meinung nach nicht nur Streichelobjekt sein, sondern seine speziellen Bedürfnisse sollen von den Menschen, die Frau Schwarz in diesen Einrichtungen besucht, beobachtet werden,

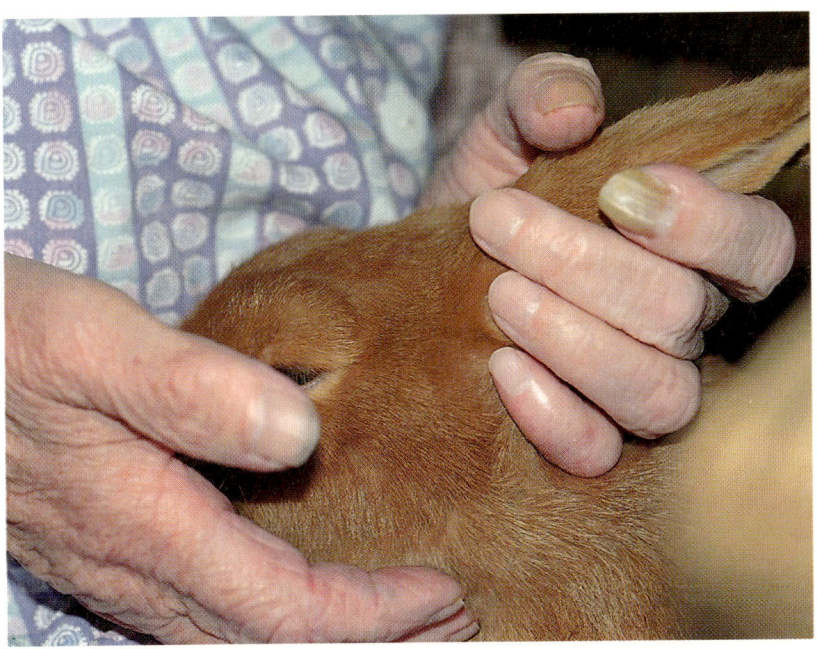

damit sie die Verhaltensweise der Tiere dann zum Anlass nehmen kann, diese Menschen auf ihre persönlichen Probleme anzusprechen.

Das ist ein Ansatzpunkt, der mir persönlich nicht so gut gefällt. Ich bin eher für die positiven Auswirkungen, die sich einfach aus dem natürlichen, ungezwungenen Zusammensein von Mensch und Tier ergeben, und weniger dafür, dass sogenannte Tierapeuten Tiere dazu benutzen, ihre speziellen Verhaltensweisen und Bedürfnisse in Verbindung mit individuellen Problemen von Patienten zu bringen, denn das entspricht einer Einmischung in die Gefühlswelt, die mitunter auch schmerzhaft sein kann. Deshalb finde ich auch, dass eine solche Intervention, wenn überhaupt, nur von psychotherapeutisch geschultem Personal gemacht werden sollte.

Gerade weil ein Tier nicht fordernd ist, wirkt sich der Mensch-Tier-Kontakt so positiv aus. Wenn nun Tierapeuten den Besuch eines Tieres zum Anlass nehmen, in Patienten zu dringen, wird dieser wichtige Aspekt des Tierkontaktes wieder aufgegeben und das ist nach meiner Meinung kontraproduktiv.

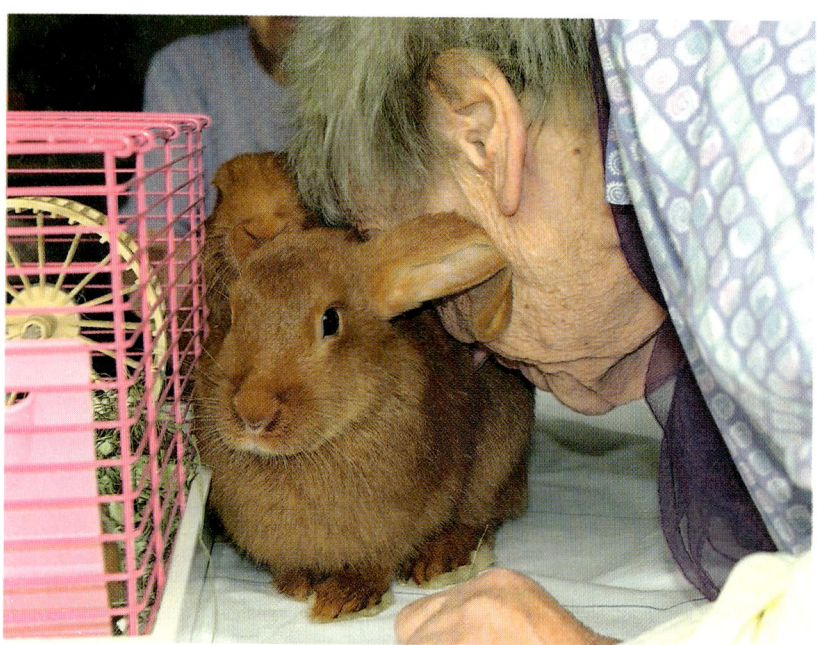

Vom Boxer zum
schwarzen Schäfer

Frau Marianne erzählt mir ihre Geschichte: »Ich wollte nie einen schwarzen Hund. Doch jetzt habe ich einen und er ist lieb. Meine Enkelin setzte mich ins Auto und fuhr mit mir nach St. Pölten. Dort gefiel mir aber kein Hund. In Krems suchte sie einfach einen schwarzen Hund aus. Jetzt ist er schon eine Weile bei mir und wir verstehen uns prächtig.

Früher züchtete ich Boxer. Einer kam sogar mit dem Flugzeug nach Belgien. Jetzt habe ich einen böhmischen Schäfer und Hühner.

Er verträgt sich sehr gut ihnen. Er lässt es sich sogar gefallen, dass sie ihn picken. Die Hühner gehen am Abend allein in den Stall. Ich muss nur abschließen.

Meine Kusine, eine Therapeutin, meint, dass es sehr gut für mich ist, wenn ich eine Aufgabe habe. Ich muss mit dem Hund hinausgehen und die Hühner versorgen.

Die Hühner kann ich streicheln. Sie kratzen zwar im Hof und den Schuppen muss man auch ausmisten. Vor zwölf Jahren am Muttertag wurde ich ohnmächtig. Mein Sohn fand mich. Ich war nie zuvor krank. Der Arzt erklärte mir, dass im Gehirn eine Ader geplatzt war. Ich war linksseitig ganz gelähmt. Doch jetzt ist alles wieder in Ordnung.

Ich war sechs Wochen im Spital und fast vier Monate im Reha-bilitationszentrum. Dort lernte ich wieder so gut gehen, dass ich nicht einmal einen Stock brauchte. Erst seit letztem Jahr muss ich wieder einen Stock nehmen, denn das linke Bein ver-schlechterte sich etwas.

Ich bin froh, dass es mir so gut geht. Ich koche für mich und mache mir auch sonst vieles selbst. Nur am Morgen kommt eine Heimhilfe. Sie duscht mich, trägt das Holz herein und macht das Bett. Ich bin im 86. Lebensjahr.

Bevor ich schlafen gehe, geht Cäsar noch einmal hinaus. Wenn er wieder hereinkommt, geht er gleich weiter ins Schlafzimmer. Da hat er einen schönen Platz mit einer Decke und einem Polster. Darauf schläft er und ist die ganze Nacht ruhig.

Als ich ihn bekam, versuchte er, in meinem Bett zu schlafen. Um neun Uhr abends geht er schlafen und um sechs Uhr morgens, wenn ich oft noch im Bett liege, steht er schon am Bett und will gestreichelt werden.

Er geht allein in den Garten hinaus. Ich muss nur die Tür aufmachen. Wenn er wieder herein will, bellt er. Er liegt auch oft vor der Haustür.

Ich wurde kürzlich auch einmal auf der Toilette ohnmächtig. Der Hund lief hinaus und bellte so lange, bis die Leute aufmerksam wurden und sich dachten, dass da etwas passiert sein muss. Daraufhin verständigten sie die Heimhilfe, die mich dann fand.

Wenn ich nach dem Schlaganfall hinausging, ging Lucky, die Boxerhündin, die ich vor Cäsar hatte, immer hinter mir nach.

Als ich einmal umfiel, blieb sie bei mir stehen. Ich hätte allein nicht aufstehen können. Ich hielt mich an ihr fest und sie zog mich so lange stückweise, bis wir am Gitter waren, an dem ich mich aufrichten konnte.

Als ich vier Monate im Rehabilitationszentrum war, kam Lucky zweimal zu Besuch. Da gab es eine Wiese mit Bänken und dort wartete meine Schwiegertochter mit Lucky.

Sie beschnupperte mich und reagierte nicht. Man riecht ja ganz anders, wenn man in einem Krankenhaus ist. Erst als ich sie ansprach, erkannte sie mich.

Alle Krankenschwestern sahen, wie sie sich freute, als sie mich erkannte. Sie weinte richtig vor Freude.

Cäsar habe ich seit mindestens vier Jahren, wenn nicht schon ein bisschen länger. Als ich ihn bekam, sagte man mir, er wäre acht Jahre alt. Aber ich glaube, er war schon älter.

Er frisst alles, leider, auch grünen Salat mit Essig und Öl. Am liebsten frisst er den Hühnern alles weg.

Cäsar ist auf einem Bauernhaus aufgewachsen und an Hühner gewöhnt. Der Besitzer wurde delogiert und seine drei Hunde kamen nach Krems ins Tierheim. Cäsar war der älteste. Einen jungen Hund konnte ich nicht nehmen. Er ist für mich zu lebhaft. So bekam ich Cäsar. Er ist älter und passt besser zu mir. Er fühlte sich schnell zu Hause. Er hat seinen Platz unter dem Tisch und muss den Kopf an meinem Knie anlehnen. So schläft er und will von mir gestreichelt werden.

Cäsar versteht mich ganz genau. Wenn ich böse auf ihn bin, weil er am Abend so lange draußen bleibt, kommt er schon mit einem reumütigen Blick zur Tür herein. Wenn ich ihn dann frage: 'Wo warst Du denn schon wieder so lange?', geht er sofort schlafen.

Ich könnte mir mein Leben ohne Hund nicht vorstellen. Ich war ein Einzelkind und hatte einen Hund als Spielkameraden. Meine Mutter musste arbeiten, denn mein Vater ist im Krieg gefallen.

Ich wollte Schneiderin werden und sammelte immer Stoffreste, die ich dem Hund auflegte. Wenn es zu viel für ihn wurde, schüttelte er sie ab.

Meine Boxerhündin verstand jedes Wort. Auch die Heimhilfen freundeten sich sofort mit ihr an. Eine war sehr traurig, als sie hörte, dass sie eingegangen war. Jeder, sogar mein Arzt, der solche Angst vor meinem Hund hatte, fragte mich nach Lucky. Jetzt hat mein Arzt selbst auch einen Hund, einen jungen Retriever.

Alle Boxer sind in meinem Garten begraben. Ich wohne schon seit über fünfzig Jahren in diesem Haus und hatte drei Boxer.«

Sascha, eine Seele
dieser Hund

Frau Xenia erzählt, wie sie mit der Diagnose Krebs fertig wurde: »Als ich mit dem Resultat, dass die Geschwulst bösartig war, nach Hause kam, war ich sehr deprimiert. Unser Sascha war da ganz wunderbar.

Er ließ mich nicht aus den Augen. Er kam zu mir und versuchte, mich zu trösten. Auch während der Therapie half er mir über alles hinweg.
Er kam immer zu mir und wollte von mir gestreichelt werden. Damals hatte ich mit Sascha oft Momente, in denen ich alles ein bisschen vergessen konnte.

Ein Haustier zu haben, ist sehr schön, vor allem wenn man krank ist. Ein Haustier spürt, wenn man sich nicht gut fühlt. Wir

hatten uns immer sehr gern, aber seit der Krankheit gibt es eine ganz intensive Verbindung zwischen dem Hund und mir.

Er war schon immer sehr anhänglich, aber seit meiner Erkrankung hat sich das verstärkt. Zu Hause trage ich die Prothese nicht, da ziehe ich mir etwas Bequemes an. Wenn ich mich auf die Bank setze, kommt Sascha zu mir und schmiegt sich an die schmerzende Seite unter meinen Arm. Dabei ist er aber ganz sanft, als ob er wüsste, dass er aufpassen muss, damit er mir nicht weh tut.

Ich war am Anfang ganz erstaunt, als er zu mir kam, sich unter meinem Arm versteckte und sich dabei am Kopf streicheln ließ. Er kam ganz nahe, sodass man ihn richtig an sich drücken konnte. Da war er sehr lieb.

Wenn ich nach den Therapien nach Hause kam und mich hinlegen musste, weil es mir sehr schlecht ging, stellte sich Sascha immer zu meinem Bett und ließ sich von mir streicheln. Dabei konnte ich die Übelkeit und die Schmerzen für kurze Zeit vergessen.

Wenn Sascha jetzt sterben würde, er ist ja schon 13 Jahre alt, wäre ich bestimmt untröstlich. Ich bin an ihn gewöhnt. Wenn ich nach Hause komme, steht er bei der Stiege und wartet. Er ist sehr neugierig und will immer in meine Tasche schauen. Er läuft ständig hinter mir her.

Er ist sehr anhänglich und lieb und hat mir in dieser schweren Zeit sehr geholfen. Ich kann jedem empfehlen, sich ein Haustier zu nehmen. Wir haben auch noch die Schildkröte Susi, die auch sehr lieb ist. Ich halte sie in der Hand und kraule ihren Kopf. Früher hatten wir auch noch einen Nymphensittich, der leider im Alter von 21 Jahren verstarb.«

Wo ist mein Bub?

Belfagor heißt der eigenwillige rote Fuchs, der meiner Patientin sehr viel bedeutet. Sie erzählt:

»Er macht überhaupt nicht, was der Trainer will. Er macht nur das, was er will. Darum ist er auch so gesund. Er hat auch nichts an den Beinen, weil er sich selbst schont. Trotzdem ist er sehr schnell.

Wenn er sich anstrengen muss, hört er auf. Deshalb ist er meistens Zweiter, obwohl er leicht gewinnen könnte. In der Zielgeraden legt er die Ohren an und schlägt dem Trainer den Schweif ins Gesicht.

Aber für mich ist es nicht wichtig, dass er gewinnt. Er soll nur gut laufen und gesund sein. Das ist das Wichtigste. Das versteht

zwar niemand, aber die anderen wissen auch nicht, warum ich das Pferd habe.

Fünf Mal in der Woche läuft er in der Prater Hauptallee und zwei Mal in der Woche wird mit ihm trainiert. Wenn er in der Hauptallee geht, sitze ich mit oben auf dem Wagen. Früher bin ich selbst gefahren.

Aber jetzt ist er so eigenwillig. Wenn ihm etwas nicht passt, dreht er sofort wieder um. Der Trainer kann ihn gut führen. Ich habe immer Angst, dass ich ihm weh tue. Der Trainer ist konsequenter. Mit mir macht er, was er will.

Jetzt striegle ich ihn und richte ihn her. Die Bewegung tut mir gut. Ich bin jeden Vormittag bei ihm.

Ich wollte schon als Kind immer ein Pferd haben. Leider ist es ein Rennpferd, und in meinem Alter kann man nicht mehr mit dem Reiten beginnen, ohne dass man sich einer Gefahr aussetzt. Ich habe eine Bekannte, die mit 40 mit dem Reiten begann. Vor ein paar Tagen stürzte sie vom Pferd. Jetzt liegt sie im Krankenhaus.

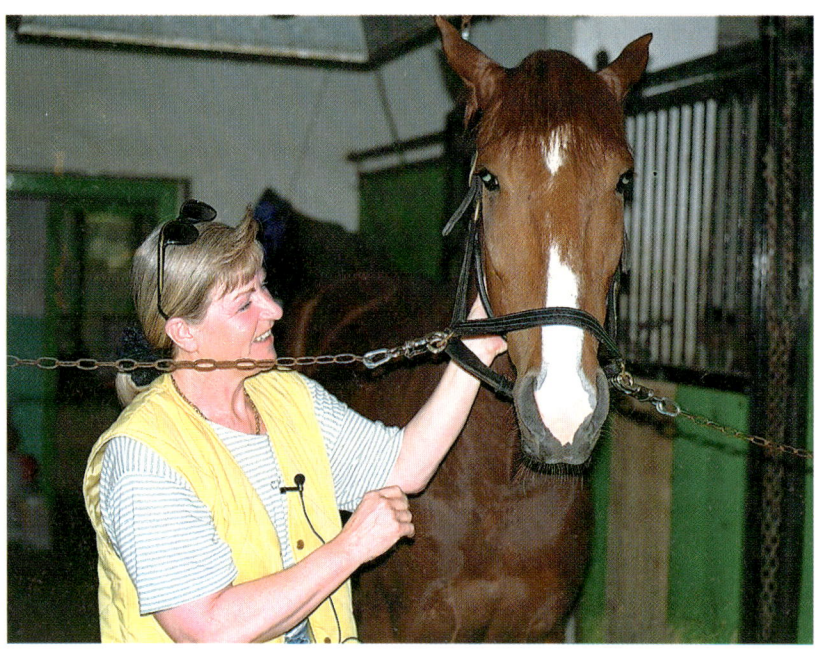

Belfagor ist jetzt vier Jahre alt. Ich bekam ihn, als er zwei Jahre alt war. Bis jetzt ist er 14 Mal gestartet. Fünf Mal war er Zweiter, ein Mal Dritter, drei Mal Vierter. Aber er hat noch kein Rennen gewonnen.

Ich werde ein bisschen ausgelacht, weil ich um das Pferd so viel Aufhebens mache. Aber das stört mich nicht, denn er hat mir sehr geholfen. Er lenkt mich ab.

Man wollte ihn mir schon abkaufen, aber ich gebe ihn nicht her, denn ich hänge sehr an ihm.

Meine Vormittage sind immer ausgebucht. Ich nehme mir gar nichts anderes vor. Mittlerweile richtet sich die ganze Familie danach.

Es gibt mittags nichts zu essen. Ich bin jeden Tag hier – sieben Tage die Woche. Ich fahre auch nicht auf Urlaub. Für jemanden, der ein Tier hat und es liebt, stellt sich diese Frage nicht.

Ich wäre die ganze Zeit beunruhigt und könnte mich gar nicht erholen.

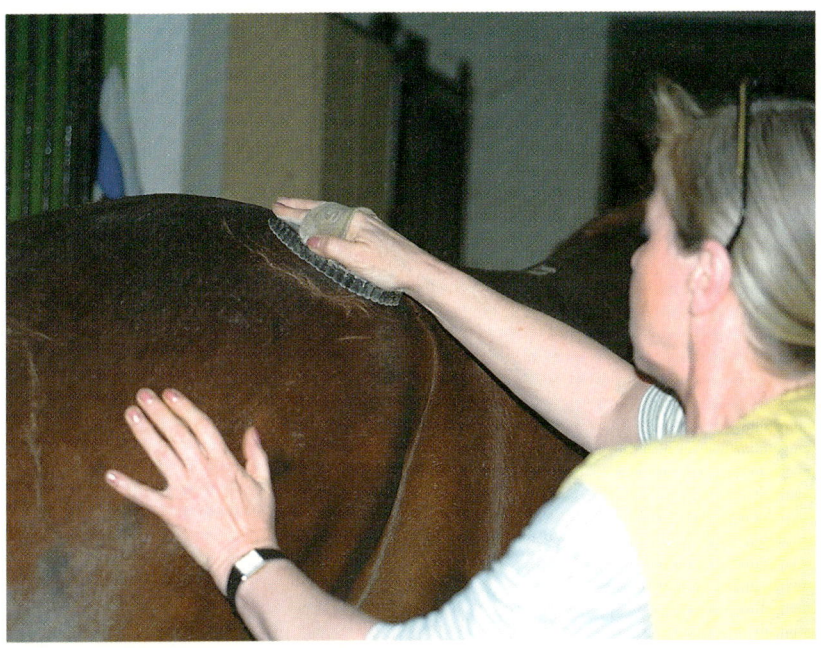

Vielleicht fahre ich im Herbst nach Priglitz auf eine Beauty-farm. Aber nur dann, wenn ich dort in der Nähe einen Bauern finde, bei dem ich das Pferd einstellen kann. Dann ist er auf der Weide, was für ihn auch eine Erholung ist.

Mein Mann kommt auch jeden Tag her. Es tut ihm gut, wenn er mit den Hunden ein bisschen spazieren geht. Sonst hätte er überhaupt keine Bewegung.«

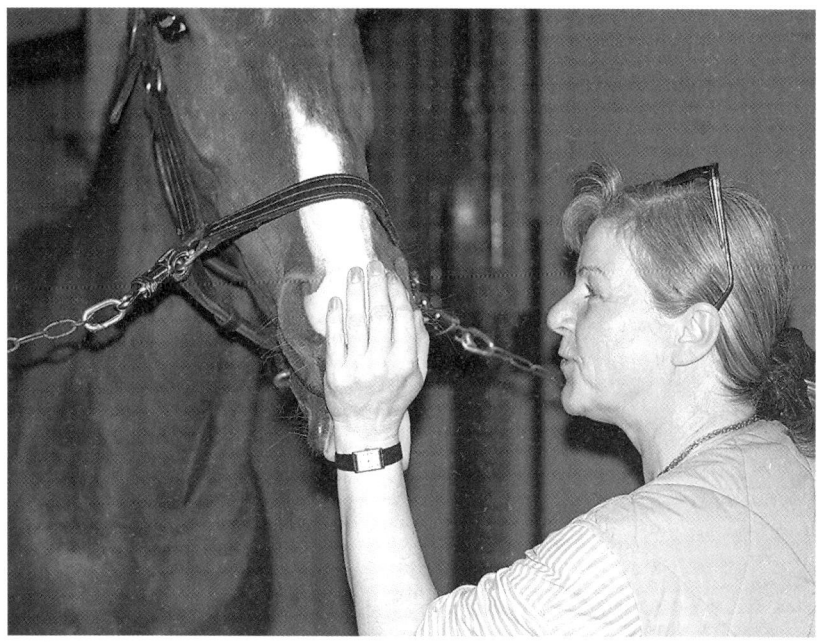

Greterle, die weiße Häsin

Frau Susanne pflegte ihre parkinsonkranke Mutter und erzählt uns ihre Hasen-Geschichte: »Sobald wir nach Hause kamen, lief sie uns entgegen. Wenn mein Mann und ich uns am Abend zu einem Gläschen hinsetzten, legte sie sich zwischen uns und schlief tief ein.

Meine Mutter war schwer parkinsonkrank und liebte das Greterle über alles. Sie war bettlägrig und in der Früh durfte das Greterle zu ihr ins Bett. Meine Mutter streckte dann immer ihren Arm ein bisschen aus und das Greterle lehnte sich an ihren Arm. Und dann lagen die beiden ganz glücklich, einer strahlte mehr als der andere, einfach so nebeneinander.

Eines Abends nach dem Tod meines Gatten war ich sehr traurig und legte meinen Kopf auf den Küchentisch. Plötzlich klopfte das Greterle neben mir auf den Boden, als wollte sie sagen: Ich bin doch auch noch da! Ich lass dich nicht allein. Ich entschuldigte mich fast, weil sie mich so Anteil nehmend ansah.

Als sie schon sehr alt war, habe ich immer gehofft, dass sie noch lebt, wenn ich nach Hause komme. Wenn es ihr sehr schlecht ging, gab ich ihr immer ein paar Bachblüten-Tropfen ins Genick, denn danach ging es ihr immer etwas besser.

Eines Tages kam ich nach Hause und sah sie nicht. Ich war sehr erschrocken. Als ich sah, dass sie noch lebte, kniete ich mich auf den Boden und begrüßte sie. Aus Freude lief sie wie ein junges Tier im Kreis um die eigene Achse.

Ich habe jetzt zwei Hasen, Morli und Geli. Die beiden sind so lieb zueinander, so sanftmütig und friedlich. Manche Menschen könnten sich ein Beispiel nehmen. Kopf an Kopf putzen sie sich gegenseitig die Ohren, Zentimeter für Zentimeter, oder das Fell. Die gegenseitige Fellpflege zu beobachten, das ist wunderschön.

Die beiden sind jedoch sehr scheu und lassen sich leider nicht hoch heben und liebkosen, obwohl ich das gern tun würde.

Manchmal darf ich sie an den Ohren streicheln. Es sind Hasen vom Land, die im Stall aufgewachsen sind.

Am Morgen begrüße ich die beiden immer zuerst. Das gibt mir Energie. Außerdem ist es schön, für sie zu sorgen. Ich kaufe für sie das Futter ein und es ist eine Freude zuzuschauen, mit welchem Genuss sie ihr Futter verzehren.

Viele meiner Bekannten sehen nur den Aufwand und die Belastung, die die Hasen verursachen. Aber ohne meine Hasen zu leben, kann ich mir nicht mehr vorstellen.

Das Wegfahren ist wirklich ein Problem. Ursprünglich versprach mir das Ehepaar, das mir die Hasen brachte, sich um die Tiere zu kümmern, wenn ich wegfahren würde. Doch als ich ihre Hilfe gebraucht hätte, hatten sie selbst keine Zeit.

Nächsten Monat möchte ich für eine Woche zum Wandern nach Salzburg fahren. Da kann ich die zwei Hasen unmöglich mitnehmen. Sie vertragen weder das Autofahren noch die Umstellung. Wenn ich niemanden finde, der meine Hasen in dieser Woche versorgt, muss ich eben zu Hause bleiben.«

Jedem seinen Vogel

Ältere Menschen leiden oft darunter, dass sie ihren Tätigkeiten nicht mehr so nachkommen können, wie sie gerne möchten. Das und das Wissen, dass sie sich im letzten Abschnitt ihres Lebens befinden, macht sie depressiv.

In einem Tageszentrum für ältere Männer wurde deshalb der Einfluss von Vögeln auf ihre depressiven Gefühle untersucht. Dazu wurde eine Voliere mit 20 Singvögeln aufgestellt. Es zeigte sich, dass speziell jene Männer, die sich mit den Vögeln in der Voliere beschäftigten, eine deutliche Verbesserung ihrer Stimmungslage erfuhren.

Außerdem wurde beobachtet, dass sich auch Verwandte und Betreuer, die die Männer zum Tageszentrum brachten, für die

Vögel interessierten und deshalb öfter in den Aufenthaltsraum kamen, wo die Voliere aufgestellt war. Dadurch hatten die alten Männer auch mehr Kontakt. Einige Männer luden sogar Angehörige ein, um die Vögel zu besichtigen.

Manche genossen es besonders, in der Nähe der Voliere ihr Mittagsschläfchen zu halten. Andere wieder wurden durch das Projekt dazu angeregt, auch zu Hause einen Vogel zu halten.

In England wurde schon früher eine Studie über den Einfluss von Wellensittichen auf ältere Menschen verfasst. Einer Gruppe von älteren Menschen wurde ein Wellensittich zur Pflege nach Hause gegeben. Sie wurden mit anderen Gruppen von älteren Menschen verglichen, die eine Pflanze oder gar nichts bekamen. Es zeigte sich, dass die Menschen mit dem Wellensittich am besten abschnitten. Sie fühlten sich glücklicher und gesünder als vorher, hatten mehr Kontakt zu ihren Nachbarn und wurden auch selbst öfter besucht.

Die meisten Menschen sprechen mit ihrem Vogel. Manche lehren ihn sogar, einige Worte zu sprechen. Das Sprechen mit dem Tier lässt auch eine Art Kameradschaft entstehen. Das ist es auch, was den gesundheitsfördernden Effekt ausmacht.

Auch Fische entspannen

Wer würde schon glauben, dass sich Fische in einem Aquarium positiv auf die Gesundheit auswirken können? Man kann sie weder angreifen noch kann man mit ihnen sprechen.

Trotzdem kommt es, wenn man in ein Aquarium schaut, zur Entspannung und Abnahme von Stress mit Blutdrucksenkung und Abnahme der Herzschläge pro Minute.

Diese durch Betrachtung eines Aquariums hervorgerufene Entspannung ist so groß, dass sie nicht einmal durch Hypnose übertroffen werden kann und wird deshalb auch zur Reduktion von Angst und Spannung beim Zahnarzt eingesetzt.

Patienten, die auf eine Herztransplantation warten, sind oft angespannt, ängstlich, deprimiert und unzugänglich. Im Krankenhaus der Universität von Kalifornien in Los Angeles erhielten solche Patienten ein Salzwasseraquarium mit vier farbenfrohen Fischen. Sie durften die Fische auch selbst füttern.

Die Patienten reagierten ausgesprochen positiv auf dieses Experiment. Sie hatten eine große Freude, fühlten sich entspannt und fanden es lustig, ihren Fischen Namen zu geben. Das Beobachten der Fische empfanden sie als sehr angenehm, denn es lenkte sie von der Krankenhausumgebung und der bevorstehenden großen Operation ab.

Augen auf beim Hundekauf

Ein vierbeiniger Gefährte bringt viel Freude in das Leben der Menschen.

Damit dieses Glück auch von Dauer ist, sollte man sich vor dem Kauf mit den täglichen Anforderungen der Hundehaltung vertraut machen.

Der Österreichische Tierschutzverein bietet zu diesem Zweck die

»CHECKLISTE FÜR WERDENDE HUNDEBESITZER«

an und erinnert, dass in vielen Heimen verwaiste Tiere auf eine neue Familie warten!

Tauben füttern verboten

Das Füttern von Tauben wird in Wien allgemein abgelehnt, denn durch das Füttern vermehren sie sich vermeintlich noch mehr. Mit ihrem Kot verunreinigen sie die Stadt und stellen eine Infektionsquelle dar, denn der Taubenmist enthält Erreger verschiedener Infektionskrankheiten, häufig auch Cryptococcus neoformans, den Erreger einer Pilzinfektion.

Es gibt jedoch auch Menschen, die weniger die Gesundheitsgefährdung als viel mehr den sozialen Aspekt im Auge haben, wie folgendes Zitat zeigt:

»Ich finde es ganz schlimm, wenn die Menschen so über das Tauben-füttern schimpfen, denn alte Menschen haben oft nichts anderes. Sie sprechen sogar mit den Tauben.

'Tauben füttern verboten' heißt es auf einer Tafel bei der Servitenkirche. Doch dort sind auch die Bänke, auf denen die alten Leute sitzen. Das Tauben-füttern ist für sie ein Erlebnis, das sie immer wieder suchen.«

Dieser Standpunkt hat auch etwas für sich, dachte ich mir und machte mich auf den Weg in den Türkenschanzpark in Wien. Ich wollte selbst mit jemandem sprechen, der Tauben füttert.

Schon von weitem sah ich eine Dame in einem roten Kleid, die ihr Futter ausstreute. Ich ging zu ihr und sprach sie an. Sie füttere gerade Krähen, keine Tauben, erklärte sie mir.

»Die Saatkrähen sind ganz schwarz und kommen Mitte Oktober aus dem Osten und fliegen Anfang März wieder in ihre Heimat, wo sie ihre Jungen aufziehen. Sie kommen nur im Winter in die Stadt, in der Hoffnung von den Menschen Futter zu bekommen. Die Saatkrähen tun keinem Lebewesen etwas zu Leide.

Sie heißen deshalb so, weil sie früher, als der Bauer noch mit dem Pflug ging, die Raupen der Maikäfer fraßen. Davon lebten sie hauptsächlich. Doch jetzt gibt es keine Pflüge mehr, nur mehr Maschinen, sodass die Saatkrähen nicht mehr finden, was sie brauchen, und sie im Winter darauf angewiesen sind, was man ihnen gibt.

Die Nebelkrähen sind grau und schwarz, manchmal auch ganz schwarz, aber man erkennt sie am gröberen Körperbau. Sie sind das ganze Jahr über hier. Im Unterschied zu den Saatkrähen sind sie von Natur aus Räuber und Mörder. In der Stadt leben sie davon, Jungvögel aus den Nestern und junge Enten zu fressen oder Eier aus den Nestern zu stehlen. In meinem Garten habe ich zwei Mal winzige, junge Eichkätzchen, die aus dem Nest gefallen waren, vor einer Nebelkrähe gerettet.

Ich gebe ihnen deshalb jeden Tag Stücke aus mit Bröseln vermischtem, faschiertem Speck. Vielleicht kann ich dadurch ein Vogel- oder ein Eichkätzchenleben retten. Und ich passe genau auf, dass jede ein Stück bekommt. Das sind zirka 120 Stücke.

Die Tauben werden allgemein gehasst. Deshalb muss ich immer befürchten, dass ich beschimpft werde. Ich füttere die Tauben deshalb heimlich.

Ich füttere die Tauben, weil sie sonst verhungern würden. Wovon sollten sie denn leben? Ich mag alle Tiere und habe Mitleid mit allen, die Hunger haben, weil ich weiß, was es heißt, Hunger zu haben. Im Park gibt es keine Gebäude, die die Tauben verschmutzen könnten. Hier sind sie zu Hause.«

Diese Dame lebt in ihrer eigenen Welt, was das Füttern der Tauben anbelangt, denn sie bleiben sicher nicht nur im Park. Aber die Tiere kennen sie und kommen her, wenn sie mit dem Futter kommt. Somit hat sie auch eine Beziehung zu ihnen, die sie sehr beschäftigt.

Gespenst Urlaub

Mit einem Tier zu leben ist wunderschön. Doch es gibt das Problem des Urlaubs, speziell wenn man Kleintiere, wie Hasen, Meerschweinchen oder Hamster, hat. Diese Tiere muss man im gewohnten Käfig mit allen dazugehörigen Utensilien mitnehmen. Sie sind jedoch an längere Transporte nicht gewöhnt und könnten durch die Hitze und die Erschütterungen sterben. Wenn man weiter wegfährt, braucht man deshalb jemanden, der in die Wohnung kommt und die Tiere versorgt. Wenn man keine Verwandten oder Freunde hat, die das übernehmen, ist ein kommerzieller Sitterdienst notwendig. Doch dabei tritt wieder das Problem auf, dass viele Menschen keinen fremden Menschen in ihre Wohnung lassen wollen.

Viele nehmen sich wegen des Problems Urlaub gar kein Tier. Bevor man sich jedoch eines nimmt, muss man wirklich regeln, wem man das Tier anvertrauen kann, wenn man auf Urlaub fährt. Sie haben in diesem Buch schon von einer Frau gelesen, die nur dann zur Beautyfarm fährt, wenn sie ihr Pferd mitnehmen kann. Bekannte von uns haben sich zu diesem Zweck einen Wohnwagen gekauft, damit sie mit der Katze auf Urlaub fahren können. Für Katzen ist jedoch jeder Ortswechsel eine Qual. Man lässt sie am besten zu Hause und sorgt dafür, dass sie gefüttert werden.

Ein Hund ist mehr an seinen Besitzer gebunden als eine Katze. Er gewöhnt sich auch schnell an eine neue Umgebung und man kann ihn leicht mitnehmen, wenn man mit dem Auto auf Urlaub fährt, außer nach England. Dort müsste man ihn für sechs Monate in Quarantäne geben.

Mit dem Zug zu reisen ist für einen Hund auch ganz angenehm, wenn die Reise nicht zu lange dauert, denn ein Hund muss ja zwischendurch einmal das Bein heben. Mit dem Flugzeug werden auch Hunde mitgenommen. Kleine Hunde oder Partner-Hunde dürfen sogar in die Passagierkabine. Größere Hunde müssen jedoch in einen Käfig und werden in den Frachtraum des Flugzeuges eingeladen. Das ist ein Stress, den ich meinem Hund für eine Urlaubsreise nicht zumuten würde.

Dieses Foto zeigt eine Hündin, die in einem speziellen Koffer am Motorrad mitgenommen wurde. Hat man sich aber auch überlegt, was der armen Hündin bei einem Sturz passieren könnte?

In den Zeitungen liest man zu Beginn der Urlaubszeit immer wieder von Menschen, die ihr Haustier einfach aussetzten. In diesem Buch geht es um die gesundheitsfördernden Effekte der Mensch-Tier-Beziehung und diese positiven Effekte stellen sich nur ein, wenn eine gute Beziehung zwischen dem Tier und seinem Besitzer vorhanden ist.

Ich kann mir nicht vorstellen, dass jemand sein Tier aussetzt, wenn er es liebt. Im Gegenteil, wie Sie lesen konnten, verzichten solche Menschen lieber auf einen Urlaub, als ihr Tier im Stich zu lassen. »Meine Katzen sind Urlaub für mich«, sagt die Frau mit neun Katzen in ihrer Wohnung, die ich vorhin in meinem Buch vorgestellt habe. Was suchen die Menschen eigentlich im Urlaub? In erster Linie doch Ruhe und Erholung. Kann man die ohne sein geliebtes Tier an einem fernen Meeresstrand finden?

Meine Frau und ich könnten unseren Herbert für die Zeit einer Urlaubsreise entweder zu Verwandten oder zur Züchterin geben, von der wir Herbert gekauft haben. Doch das wollen wir gar nicht, denn der schönste Urlaub für uns drei ist, wenn wir in unserem Wochenendhaus in der Wachau sein können, wo wir morgens, mittags und abends miteinander einen schönen Spaziergang machen.

Ehe mit Hund

Tiere werden als Familienmitglieder betrachtet. Ehepaare, die keine Kinder haben, können sich zum Beispiel durch einen Hund als vollwertige Familie fühlen. Durch so ein Tier gibt es viel Gemeinsames für ein Paar, zum Beispiel die gemeinsame Verantwortung für die Versorgung und das Wohl des Tieres.

Es muss koordiniert werden, wer wann nach Hause kommt, damit der Hund nicht zu lange alleine in der Wohnung ist, wer das Futter einkauft und den Hund füttert. So gibt es vieles, was ein Paar miteinander zu besprechen hat.

Es resultieren daraus auch viele gemeinsame Aktivitäten. Ich wollte zum Beispiel deshalb einen Hund, weil ich gerne spazieren gehe. Vor der Anschaffung des Hundes war jedoch meine

Vermißt, gesucht und gefunden!

Durch das Deutsche Haustierregister

Jedes Jahr werden Tausende verschwundener Haustiere wiedergefunden und ihren glücklichen Besitzern zurückgegeben. Die Aufnahme ins Deutsche Haustierregister® hat ihr Leben gerettet. Denn durch die individuelle Registrierung wurde ihr Besitzer schnell und sicher festgestellt. Geben auch Sie Ihrem Tier mehr Schutz und **Registrierung kostenlos.** Sicherheit. Lassen Sie es kostenlos im Deutschen Haustierregister® aufnehmen. Noch heute den Anmeldebogen mit dem Coupon anfordern. Oder Sie rufen an:

01805/231414

- -

Ja, ich will mehr Schutz und Sicherheit für mein Tier.
Bitte senden Sie mir den Anmeldebogen für die
kostenlose Aufnahme im Deutschen Haustierregister®.

Deutscher Tierschutzbund e.V., Baumschulallee 15, 53115 Bonn

Name, Vorname

Straße, Hausnummer

PLZ, Ort

Telefon

Deutscher Tierschutzbund e.V.

Frau kaum zu gemeinsamen Spaziergängen zu bewegen, schon gar nicht, wenn das Wetter nicht schön war. Jetzt geht meine Frau mit Herbert und mir sogar bei Wind und Regen hinaus, und nur wer meine Frau kennt weiß, was das bedeutet.

Herbert findet erst dann seine Ruhe, wenn wir beide da sind. Kommt einer von uns beiden abends später nach Hause, wartet er immer ganz sehnsuchtsvoll und wenn man dann kommt, freut er sich so, wie sich niemand sonst freuen kann.

Jeder, der einen Hund hat, kennt das sicher und möchte diese überschwängliche Begrüßung nicht missen. Es ist das Schönste, wenn man heimkommt und so begrüßt wird.

Wenn wir uns streiten, zeigt er ganz deutlich, dass er das nicht mag. Es gibt sicher viele Ehepaare, die sich scheiden lassen, obwohl ein Tier da ist. Trotzdem glaube ich, dass ein Hund eine Ehe stabilisieren kann, denn im Falle einer Trennung müsste auch das Sorgerecht für ihn geregelt werden.

Einsam und allein

Im Laufe eines Lebens gibt es verschiedene Abschnitte, in denen es vorkommt, dass man alleine ist. Es beginnt damit, dass der junge Mensch zum Studium oder aus beruflichen Gründen von zu Hause weg muss. Wenn er nun fern der Heimat alleine in einem Zimmer oder in einer Wohnung lebt, fühlt er sich oft einsam. In einer solchen Situation hilft ein Tier, das Gefühl der Einsamkeit zu lindern.

Im Erwachsenenalter ist die Trennung vom Lebenspartner ein häufiger Grund für das Alleinsein. Auch Kinder werden erwachsen und verlassen das Elternhaus. Nur ein Hund bleibt für immer. Er ist auch immer liebevoll, niemals verärgert und sucht sich keinen neuen Partner. Tiere sind mit einem menschlichen Partner nicht vergleichbar.

Die 53-jährige TV-Lady Chris Lohner hat ihren langjährigen Lebenspartner zurückgelassen, um allein mit Hund in ein neues Haus im Wienerwald zu ziehen, denn keinen liebt sie wie sich selbst und zum Kuscheln hat sie ja ihren kleinen Terrier.

Mit einem Hund kann man allein sein, ohne sich einsam zu fühlen. Einsamkeit ist oft verbunden mit negativen Gefühlen wie Depressionen, Beklemmungen, geringem Selbstwertgefühl und selbstdestruktivem Verhalten wie Alkoholismus und im Extremfall sogar Selbstmord. Aus diesem Grund ist es besonders wichtig, dass die Einsamkeit bekämpft wird und ein geliebtes Haustier, wie ein Hund, eine Katze oder auch ein kleiner Vogel in einem Käfig können hier wahre Wunder wirken.

Speziell Menschen im höheren Lebensalter haben oft mit Einsamkeit zu kämpfen. Dazu kommt, dass sie plötzlich allein sind, wenn der Lebenspartner verstirbt. In dieser Zeit der Trauer um den verstorbenen Partner hilft ein Tier. Menschen, die ein Haustier haben, sind in diesem Lebensabschnitt weniger depressiv und auch körperlich gesünder als Menschen in derselben Situation, die kein Haustier haben.

Krank durch den Hund?

Es gibt Menschen, die behaupten, dass man durch einen Hund krank werden kann.

Bist du schon einmal krank geworden durch deinen Hund?

Nein, durch den Hund in keiner Weise. Unser Hund wird tierärztlich versorgt. Er ist geimpft und wird entwurmt. Er wird regelmäßig gebadet und sauber gehalten.

Von einem Hund kann man eine Zecke bekommen.

Eine Zecke kann ich auch so bekommen. Ich muss nur auf eine Wiese gehen. Aber ich bin gegen FSME (Frühsommermeningoenzephalitis) geimpft, die durch Zeckenbiss übertragen werden kann. Borreliose kann ich bekommen.

Unser Hund hat sogar ab und zu einen Floh. Dann wird er aber sofort gebadet.

Wenn der Hund im Bett schläft, könnte eine Zecke dich beißen.

Die Zecke kommt nicht zu mir, wenn sie einmal beim Hund ist, geht sie nicht mehr weg. Die Zecke liebt die Wärme des Hundes und versucht, so schnell wie möglich zuzubeißen, weil sie nicht wissen kann, wann sie wieder ein Opfer findet. Ich habe noch nie durch den Hund eine Zecke bekommen.

Der Advocatus Diaboli gibt keine Ruhe und meint: Im Hundekot könnten doch Wurmlarven sein.

Damit komme ich nicht in Berührung, denn der Hund lässt seinen Kot im Freien. Außerdem wird er zwei Mal im Jahr entwurmt.

Menschen, die so negativ denken, sollten sich kein Tier halten.

Der gesundheitsfördernde Effekt der Mensch-Tier-Beziehung überwiegt doch bei weitem. Durch ein Hühnerei kann man eher krank werden, als durch ein Hundekrümmelchen.

Man muss unterscheiden, was durch ein Tier übertragen werden kann und was tatsächlich übertragen wird. Sogar Patienten mit Krebs oder Aids, deren Immunsystem unterdrückt ist, haben ein geringes Risiko, durch ein Tier eine Krankheit übertragen zu bekommen.

Natürlich kann man vom Pferd fallen. Aber ich würde mit 40 auch nicht mehr mit dem Reiten beginnen. Das muss man als Kind lernen.

Man kann auch von einem Hund gebissen werden. Davor habe ich heute noch etwas Angst, obwohl ich selbst einen Hund habe und die Verhaltensweisen von Hunden jetzt besser kenne.

Bedauernswert sind sicher jene Menschen, die auf bestimmte Tiere, zum Beispiel Katzen, allergisch reagieren. Sie tun mir deshalb leid, weil es unter ihnen viele gibt, die gerne ein Tier hätten, aber wegen der Allergie keines haben können.

Zu bedauern sind auch Kinder, die in einer Familie aufwachsen, in der zum Beispiel der Vater allergisch ist und somit kein Tier in diesem Haushalt angeschafft werden kann. In beiden Fällen sollte durch Tests abgeklärt werden, ob wirklich das Haustier der Auslöser der allergischen Reaktionen ist, und oft kann das Problem mit einer anderen Tierart, zum Beispiel Kaninchen statt Katze gelöst werden.

Wenn Sie selbst einen Hund oder eine Katze haben, werden sie sicher die Erfahrung gemacht haben, dass Sie noch nie eine Krankheit übertragen bekommen haben.

Haben Sie kein Tier, so fragen Sie einfach Bekannte, die einen Hund haben, ob sie schon einmal durch den Hund krank geworden sind.

Eine Krankheit gibt es, die übertragen werden kann, nämlich Tollwut. Freilaufende Hunde und Katzen können von einem tollwütigen Tier gebissen und angesteckt werden.

Gegen Tollwut gibt es aber eine Impfung, die man auf jeden Fall dem Haustier vom Tierarzt verabreichen lassen sollte. Tollwut kommt zwar in unseren Breiten selten vor, man sollte aber trotzdem kein Risiko eingehen, denn wenn man infiziert wird, verläuft sie absolut tödlich.

Andererseits besteht trotz der Tatsache, dass es eine tödlich ver-
laufende Erkrankung ist, kein Grund zur Panik. Menschen, die
beruflich einem Infektionsrisiko ausgesetzt sind, wie zum Beispiel Forstarbeiter und Jäger, können sich impfen lassen. Weiters kann sich jeder, der Angst hat, einfach prophylaktisch
gegen Tollwut impfen lassen. Auch nach einem Biss ist es nicht
zu spät, und dass die Impfung so schmerzhaft ist, wie immer
wieder kolportiert wird, stimmt nicht. Es ist eine ganz gewöhn-
liche Injektion unter die Haut.

Eine weitere Gefahr ist die Toxoplasmose, allerdings nur für die
Leibesfrucht einer schwangeren Frau und auch nur dann, wenn
eine Schwangere nicht bereits, wie etwa zwei Drittel der Bevöl-
kerung, durch eine frühere Infektion immun ist, was in Öster-
reich bei einer Untersuchung im Rahmen des Mutter-Kind-Pas-
ses festgestellt werden kann. Toxoplasmose wird durch den Kot
freilaufender Katzen, die sich zuvor an infizierten Mäusen
angesteckt haben, übertragen. Die Erkrankung verläuft bei der
Katze und beim Menschen in der Regel völlig unbemerkt.

Eine schwangere Frau, die gegen Toxoplasmose nicht immun
ist, sollte deshalb die Katzentoilette nicht leeren oder, falls sie
es trotzdem tun muss, Einweg-Handschuhe tragen.

Ich möchte das Thema mit dem Hinweis abschließen, dass wir
durch zwischenmenschliche Kontakte weit mehr und weit
gefährlichere Erkrankungen bekommen können, als, zum Beispiel, durch den Kontakt zu einem geliebten Hund, der selbstverständlich gut gepflegt und richtig ernährt wird, und der
regelmäßig die notwendigen Auffrischungsimpfungen erhält
und zwei Mal im Jahr entwurmt wird.

Wertvolle Informationen zu diesem Thema habe ich einem
Artikel des IEMT (Institut zur interdisziplinären Erforschung
der Mensch- Tier-Beziehung – Konrad Lorenz Kuratorium)
entnommen.

Abschied vom Hund

Ein Patient hatte sein Leben lang einen Airedale-Terrier gehabt und wollte vor seinem Tod noch einmal einen Hund dieser Rasse streicheln. Deshalb wurde eine Dame vom Airedaleklub gebeten, mit ihrem Hund ins Lainzer Krankenhaus zu kommen. Doch der Portier wollte die Frau mit dem Hund nicht einlassen. Der Primar der Herzabteilung musste persönlich einschreiten, damit der Hund zu dem Patienten durfte. Dieser hat sich sehr gefreut und hat den Hund gestreichelt. Er war ganz begeistert und drei Stunden später ist er gestorben, zufrieden und glücklich, dass er noch einmal einen Airedale-Terrier streicheln konnte.

Das richtige Haustier

Einmal Airedale-Terrier, immer Airedale-Terrier. Welches Tier für wen?

Prinzipiell möchte ich keine Ratschläge geben, welches Tier für welchen Besitzer am besten geeignet ist, denn ich weiß, dass verantwortungsvolle Tierbesitzer sich gründlich überlegen, worauf es beim Erwerb eines Tieres ankommt.

Ich möchte nur jüngere Menschen daran erinnern, dass exotische Vögel, wie zum Beispiel Papageien, wenn sie die qualvolle lange Reise nach Europa überstanden haben, sehr alt werden können, 50 Jahre und mehr. Das bedeutet, dass sie unter Umständen ihren Besitzer überleben.

Viele ältere Menschen nehmen sich keinen Hund mehr, aus Sorge um ihn, wenn mit ihnen etwas passiert. Ein junger Hund ist für sie auch zu lebhaft.
Deshalb hat sich eine ältere Dame vom Foxterrierklub einen alten Ausstellungshund genommen. Der ist so glücklich, dass er endlich einmal eine Bezugsperson hat, sodass er ihr auf Schritt und Tritt folgt.

Auch im Kapitel »Vom Boxer zum schwarzen Schäfer« kommt eine über achtzigjährige Frau zu Wort, die sich einen älteren Hund vom Tierheim genommen hat. Hunde vom Tierheim sind jedoch nicht immer unproblematisch, denn oft ist der Grund für ihren Aufenthalt dort, dass der Hund von seinem Vorbesitzer nicht gut versorgt wurde und das kann sich im weiteren Verhalten eines Tieres auswirken.

Wenn jemand noch nie einen Hund hatte und ins Tierheim geht, um sich einen Hund auszusuchen, der ihm am besten gefällt, kann es ungeahnte Probleme geben. Wenn sich zum Beispiel herausstellt, dass das Tier ein gestörtes Verhalten an den Tag legt, bedarf es großer Erfahrung, um damit umgehen zu können.

Der schwarze Schäfer, den die Frau aus einem Tierheim holte, stammte von einem Bauern, der delogiert wurde und der deshalb die Tiere hergeben musste. Er kam also nicht ins Tierheim, weil er von seinem Vorbesitzer ausgesetzt oder schlecht behandelt wurde.

Die Wahl eines Tieres ist, wie vieles andere im Leben, kein Zufall, und die Ironie des Schicksals will es, dass die Mutter eines missbrauchten Kindes ins Tierheim geht, um einen »Therapiehund« für ihre Tochter zu besorgen, der sich dann selbst als verhaltensgestört entpuppt. Doch auch der verhaltensgestörte Hund wird von seiner neuen Besitzerin so geliebt, dass sie ihn nicht mehr hergeben möchte, mit dem Ergebnis, dass die Mutter sich zur Behandlung eines Problems ein zweites aufgeladen hat.

Wichtig ist, dass Kinder schon von klein auf mit Haustieren aufwachsen. Wenn das nicht der Fall ist, ist es für solche Kinder sehr schwer zu einem Tier zu kommen, da die elterliche Ablehnung kaum zu durchbrechen ist.

Aber nur bei Eltern, die in der Kindheit selbst Tiere hatten, haben Kinder eine große Chance, auch in den Genuss eines Haustieres zu kommen, wie auch zwei Beispiele einer geglückten Mensch-Tier-Beziehung in diesem Buch zeigen. Die alte Frau mit dem schwarzen Schäfer ist schon als Kind mit einem Hund aufgewachsen und die Großmutter mit dem Wellensittich hatte auch schon immer einen.

Gerade für einen alten Menschen ist es wichtig, dass er auf Vertrautem aufbauen kann. Es geht wahrscheinlich nicht gut, wenn sich jemand mit 80 das erste Mal einen Hund nimmt, denn es fehlt ihm die Erfahrung, die er braucht, um ihn unter Kontrolle zu bringen, denn körperlich sind viele Menschen in diesem Alter einem größeren Hund nicht mehr gewachsen.

Ich dachte auch lange über die geeignete Hunderasse nach. Beim ersten Anlauf, aus dem aber nichts wurde, wollte ich eine Bandlbracke. Ich weiß heute nicht mehr warum, nur, dass es kein großer, sondern nur ein mittelgroßer Hund sein sollte.

Bevor ich Herbert kaufte, dachte ich, es muss ein kleiner Hund sein, damit er in unserem kleinen Auto genug Platz hat. Heute bin ich froh, denn ein kleiner Hund ist auch leichter ins Bett mitzunehmen. Aber bevor Sie Ihren ersten Hund aussuchen, sind Sie sicher überzeugt, dass Sie nicht wollen, dass er später einmal ins Bett kommt.

Angeblich lässt die Art des Hundes auch Rückschlüsse auf seinen Besitzer zu. So haben scheinbar die Möchtegerne eher große Hunde, die Verspielten Pudel, Pekinesen oder Chihuahuas und die Sportler Windhunde oder Dalmatiner.

Ich freue mich immer, wenn die Leute sagen, Herbert ist so schön gezeichnet und schaut so aufgeweckt und gescheit, denn er ist ein sehr lieber und gescheiter Hund und somit für mich genau der richtige.

Das Heilsame der Beziehung zwischen Mensch und Tier

Das Heilsame der Beziehung zwischen Mensch und Tier ist die Fürsorge und Liebe, die Menschen einem Tier geben können. Sie können für jemanden sorgen. Das Frauchen freut sich, wenn es den Hund, die Katze oder den Hasen füttern kann. Es tut dem Besitzer gut, zu sehen, dass seinem Tier das Futter schmeckt und es sich wohlfühlt.

Das Streicheln eines Hundes oder einer Katze beruhigt und löst Stress. Nach einem anstrengenden Tag setze ich mich gerne neben Herbert und streichle ihn.

Aus Südamerika wird berichtet, dass Kindern, die an Asthma leiden, ein kleiner Hund auf die Brust gelegt wird. Dieser Kontakt wirkt beruhigend und hilft den kleinen Patienten.

Die Zuneigung eines Tieres ist bedingungslos, das heißt, ein Hund liebt sein Herrchen oder Frauchen unbeschadet von irgendwelchen Äußerlichkeiten, wie Reichtum, Armut, Schönheit oder irgendwelcher Errungenschaften.

Der Mensch muss für seine Gesundheit das Gefühl haben, gebraucht zu werden und wertvoll zu sein. Umgekehrt benötigt er Zuwendung, Liebe, Geborgenheit und das Gefühl von Heimat und Natur. Beides findet er in der Beziehung zu einem Tier. Erst mit Tieren leben wir ganzheitlich und glücklich. Es liegt auf der Hand, dass jene Menschen von der Beziehung zu einem Tier am meisten profitieren, die entweder alt, krank, behindert oder allein sind.

Danksagung

Ich möchte mich bei allen bedanken, die das Zustandekommen dieses Buches ermöglicht und mich bei der Arbeit unterstützt haben. Besonders möchte ich jenen danken, die bereit waren, sich für das Buch interviewen und fotografieren zu lassen. Die Begegnung mit ihnen hat mich persönlich stark beeindruckt und bereichert.

Für überlassene Fotos bedanke ich mich bei Herrn Fischer, Frau Riedel und Frau Schwarz.

Otto Schlappack

Rossatz, im Februar 1998